Peter Lau · Clara Vuillemin

Zu jung? Zu alt? Egal!

Clara Vuillemin (33) ist freie Autorin. Sie ist Co-Gründerin des digitalen Magazins «Republik», wo sie sich zwischen 2016 und 2022 um Technik, Produkt, Geschäft, Kampagnen und Strategie kümmerte und unter anderem Präsidentin des Vorstandes war. Davor hat sie in Lausanne und Moskau Maschinenbau und Elektrotechnik studiert. Sie lebt in Berlin.

Peter Lau (64) ist Redakteur und Autor für das Monatsmagazin «brand eins», seine Editionen, Sonderhefte und das Corporate Publishing. Zu seinen Themen gehören gesellschaftliche, wissenschaftliche und kulturelle Entwicklungen, neue Medien und Arten der Kommunikation, Menschen, Essen, die Zukunft sowie emotionales Wissen. Er lebt in Hamburg.

Peter Lau · Clara Vuillemin

Zu jung? Zu alt? Egal!

Für eine Arbeitswelt ohne Altersgrenzen

brand eins books

Inhalt

Dieses Buch ist für Menschen in einem schwierigen Alter. Also für alle.

Das Problem

1.

Vielleicht ist es so: Du bist lange zu jung, um ernst genommen zu werden, noch viel länger zu alt, um ernst genommen zu werden, und in der kurzen Phase dazwischen zu beschäftigt, um dich darüber zu freuen, dass du endlich mal ernst genommen wirst. Wobei hinzukommt, dass du darüber mit niemandem sprechen kannst, denn die einen sind zu jung, um es zu verstehen, die anderen sind dafür zu alt, und die dazwischen haben keine Zeit. An dieser Stelle drängt sich allerdings eine Frage auf: Hast du ein Problem oder bist du ein Problem?

2. Die Nachteile des Energiesparens

Das Gehirn ist eine faule Sau. In populären Texten heißt es gerne euphemistisch, das Hirn würde «Energie sparen» oder «Abkürzungen benutzen», aber das sind nur Umschreibungen, mit denen sich faule Gehirne ihre Existenz schönreden. Fakt ist: Einen großen Teil der Zeit arbeitet unser Gehirn auf möglichst niedrigem Niveau. Und produziert dabei laufend Fehler, die von der Wissenschaft kognitive Verzerrungen genannt werden. Also zum Beispiel:

Im Gegensatz zu den anderen Ismen trifft Altersdiskriminierung jeden von uns.

- Willkürliche Schlussfolgerungen: voreilige Annahmen, ohne andere Erklärungen zu prüfen.
- Übergeneralisierungen: Allgemeinplätze, die auf einer einzigen Erfahrung basieren.
- Selektive Wahrnehmung: Tunnelblick.
- Attributionsfehler: das Verhalten anderer Menschen nicht auf die aktuelle Situation zurückzuführen, sondern auf ihren Charakter.

Letzteres wird nicht immer zu den kognitiven Verzerrungen gezählt, aber am Ende führt alles zu ähnlichen Resultaten: Stereotypen, Klischees, Vorurteilen. Und damit zu einem vielgestaltigen Problem: Diskriminierung. Menschen werden beispielsweise aufgrund von Geschlecht, Herkunft, sexueller Orientierung, Religion oder Klasse Eigenschaften unterstellt, die als Grund oder Vorwand dienen, sie besser oder schlechter zu behandeln. Sexismus, Rassismus, Lookismus, Klassismus et cetera, die Liste ist lang.

Langsam werden zwar einige systematische Benachteiligungen demontiert, mit Vernunft, Aufklärung und Gesetzen. Doch bei manchen Problemen stehen wir noch ganz am Anfang.

3. Immer falsch

Ageismus. Abgeleitet vom englischen Ageism. Es gibt bisher nicht einmal einen deutschen Namen für diese Art der Diskriminierung. Erscheint sie dafür nicht interessant genug? Was absurd wäre, denn im Gegensatz zu den anderen

Ismen trifft Altersdiskriminierung jeden von uns. Über das gesamte Leben. Ja, auch euch, liebe Lesende. Allein in der Arbeitswelt:

- Bist du 15? Dann weißt du, was du gerne lernen würdest, wie es am besten ginge und was du dafür brauchst – aber deine Eltern und Lehrer wissen es besser. Merke: Du bist noch ein Kind!
- Bist du 25? Dann hast du eine Ausbildung oder ein Studium beendet und würdest gerne loslegen – aber du brauchst erst mal mehr Praxis. Merke: Lehrjahre sind keine Herrenjahre!
- Bist du 35 und ein Mann? Dann ist Karriere und Familienplanung angesagt. Gleichzeitig, versteht sich. Also merke: Work-Life-Balance kannst du vergessen!
- Bist du 35 und eine Frau? Dann heißt es, sich zu entscheiden: Karriere? Oder Kinder, bevor es zu spät ist? Merke: Du kannst nicht alles haben!
- Bist du 45 und eine Frau? Dann giltst du als schwierig und unzuverlässig, so kurz vor der Menopause … Oder mittendrin. Merke: «Du siehst echt gut aus – für dein Alter!»
- Bist du 45 und ein Mann? Es wird härter, denn wer es jetzt nicht nach oben schafft, schafft es nie. Merke: Bald bist du alt!
- Bist du 55? Klug, kompetent, erfahren und auf dem Höhepunkt deiner Kraft? Das sieht außer dir leider niemand so. Merke: «Kriegen Sie das noch hin?»
- Bist du 65? Dann wirst du in den Ruhestand geschickt,

selbst wenn du gerne weiterarbeiten möchtest. Die meisten Unternehmen werden dich nicht beschäftigen, weil: zu alt. Merke: Keine Arbeit war bis gestern ein Makel, ab heute ist es dein Ziel.

- Bist du 75? Fit? Schlau? Gut informiert? Mental im Allzeithoch? Ja, okay, so kannst du vielleicht US-Präsident werden. Aber doch nicht arbeiten. Merke: Du! Bist! Alt!

Es gibt in dieser Liste exakt einen Punkt, der nicht auf Eigenschaften beruht, die sich von Mensch zu Mensch erheblich unterscheiden können: Kinder kriegen. Da existiert tatsächlich eine allgemeine biologische Grenze. Alles andere beruht auf Vorstellungen, die wir nur deswegen für normal halten, weil sie weitverbreitet sind und wir uns daran gewöhnt haben.

4. Schlagseite

Die meisten Menschen verbinden Ageismus mit der Diskriminierung Älterer. Jüngere werden zwar ebenfalls für ihr Alter diskriminiert, doch den Begriff Youngism kennen nur wenige, die Forschung dazu ist dünn und die Wahrnehmung in den Medien minimal. Hinzu kommt, dass sich die Bedenken bei Jüngeren meist auf eine Handvoll Glaubenssätze beschränken:

- Sie können nichts – weil sie zu wenig Erfahrung haben.

- Sie brauchen nicht so viel Geld – weil sie keine hohen Ansprüche haben.
- Sie haben Zeit, wenn sonst keiner Zeit hat – weil sie keine Familie haben.
- Und sowieso: «Die Jugend achtet das Alter nicht mehr, zeigt bewusst ein ungepflegtes Aussehen, sinnt auf Umsturz, zeigt keine Lernbereitschaft und ist ablehnend gegen übernommene Werte.» (Sumerische Tontafel, etwa 3000 v. Chr.).

Eine der Wurzeln dieser nicht begründbaren und deshalb auch nicht widerlegbaren Sätze ist eine extrem verbreitete Altersdiskriminierung, die alle völlig normal finden: Adultismus, Altersdiskriminierung von Kindern und Jugendlichen. Sie kommt in diesem Buch nicht vor, weil sie für das Arbeitsleben nicht relevant ist, denn Kinder dürfen nicht arbeiten, selbst wenn sie es gerne würden. Auch das ist eine Folge des Adultismus, der simpel funktioniert: Kinder müssen nicht ernst genommen werden – sind doch nur Kinder. Was unter anderem bedeutet: Wenn das Kind arbeiten will, weiß es nicht, wovon es redet.

Adultismus endet nicht einfach mit 18. Er verschwindet langsam, wie Radioaktivität – in den Zwanzigern hängen jeder und jedem immer noch Spuren an, was einen erheblichen Teil der Diskriminierung Jüngerer erklärt.

Dieses Buch hat eine leichte Schlagseite – es neigt zur älteren Generation. Wir werden immer wieder auf die anderen Altersgruppen eingehen, aber selbst wo wir das nicht tun, sollte nicht vergessen werden: Das Problem ist transgenerational – die Situation jeder Altersgruppe ist mit der Situation aller anderen Altersgruppen verbunden.

Das gilt ganz besonders für das mittlere Alter zwischen 30 und 50, das auf den ersten Blick am wenigsten von Altersvorurteilen betroffen scheint. Die Mittelalten stehen jedoch vor einer absurden Ballung nicht nur beruflicher Aufgaben, Erwartungen und Verantwortungen, die sie enorm belastet und die vor allem deshalb existiert, weil den anderen Altersgruppen so wenig zugetraut wird.

5. Moderne Zeiten

Wie so viele aktuelle Probleme stammt auch unsere Vorstellung von Altersstufen aus einer Zeit, in der die Welt anders war. Bis ins 20. Jahrhundert war das Leben für alle Menschen härter als heute, die medizinische Versorgung sehr viel schlechter und das Wissen um ein gesünderes Leben gering, falls es im Schatten von Gottesglauben und Fatalismus überhaupt ein Thema war. Das führte nicht nur zu einer niedrigeren Lebenserwartung, sondern auch zu einem erheblichen Verschleiß. Anfang des 19. Jahrhunderts lebte der Durchschnittsmensch in Europa rund 35 Jahre. Wer in dieser Zeit 60 Jahre oder mehr schaffte, war nicht im Topzustand – genau wie in den Jahrhunderten davor.

Das änderte sich auch nicht mit der Industrialisierung, im Gegenteil: Die neue Arbeit an den Maschinen war härter, zehrender und im Wortsinn unmenschlicher als alles zuvor – Charlie Chaplin hat das in dem fast 100 Jahre alten

In Zukunft wird es zwischen den Altersgruppen keine großen Wissenshierarchien mehr geben – alle wissen gleich wenig.

Film «Moderne Zeiten», in dem er mit großen Schraubenschlüsseln gegen riesige Maschinen kämpft, sehr gut auf den Punkt gebracht. Zudem erwiesen sich die neuen Großstädte recht bald als üble Seuchenherde. Die Einführung einer Rente für alle Arbeitenden und Angestellten mit einem geringen Jahreseinkommen ab 70 – ein Alter, das gerade noch erreichbar schien – war 1898 ein echter Fortschritt.

Im 20. Jahrhundert waren die Arbeitsbedingungen besser und das medizinische Wissen größer, dafür waren die Menschen von industrialisierten Kriegen traumatisiert. Wer noch vor 50 Jahren Deutschlands Alte persönlich erlebt hat, erinnert ein dem Grauen entwachsenes Grau, müde und wütend zugleich. Dieses Elend überschattet bis heute unser Bild der älteren Generation.

6. Hier kommt die Flut

Auch die Jüngeren waren früher anders als heute. Lange basierte jede Erwerbstätigkeit auf Erfahrung aus der Praxis – wer jünger war, wusste wirklich weniger. Das änderte selbst das Bildungssystem nur minimal, denn das dort vermittelte Wissen ist bis heute gut abgehangen: Junge lernen, was Alte kennen. Zerstört wurde der Vorsprung erst mit der Demokratisierung des Wissens im Internet und dem aktuell hohen Innovationstempo, das für eine andauernde Flut an neuem Wissen sorgt. In Zukunft wird es zwischen den Altersgruppen keine großen Wissenshierarchien mehr geben – alle wissen gleich wenig.

Außer sie tun sich zusammen. So wie wir, die dieses Buch geschrieben haben: Clara, 33, und Peter, 64. Unser Altersunterschied hat uns erst auf das Thema gebracht, und nur weil wir zum Teil ganz unterschiedliche Fragen, Ansätze und Probleme relevant fanden, sind wir auf ein Gesamtbild gekommen, das wir alleine nicht gefunden hätten. Wobei die erste große Erkenntnis eine ungeahnte Gleichheit war: Jüngere und Ältere haben oft sehr ähnliche Probleme, wenn auch aus unterschiedlichen Gründen.

7. Nur?

Seit ihrer Sesshaftwerdung hat die Menschheit etliche Jahrtausende für ein besseres Leben gekämpft, und nun haben wir es geschafft. Wir werden älter als je zuvor, wir entwickeln uns anders, und es geht uns dabei besser, als es sich unsere Vorfahren jemals hätten vorstellen können. Wir haben nur zwei Probleme: Wir können es nicht glauben – es ging so schnell, dass wir es noch nicht verstanden haben. Und wir haben Regeln aus einer anderen Zeit, die heute nicht mehr funktionieren.

8. Tausend Probleme in einem

Dieses Buch handelt davon, wie wir persönlich, in Unternehmen und als Gesellschaft einen besseren Umgang mit verschiedenen Lebensaltern finden können. Das ist nicht ein Problem unter Tausenden – es sind tausend Probleme in einem. Und nein, es geht nicht um gefühlte Ungerechtigkeiten. Wir haben einen massiven demografischen Wandel: In den nächsten zehn Jahren werden ungefähr 8 Millionen Menschen in Deutschland ihren 20. Geburtstag feiern – und knapp 13 Millionen ihren 65. Der aktuelle Fachkräftemangel ist bloß ein Symptom davon.

Wir müssen die Folgen dieser Entwicklung kurzfristig angehen, weil das Wirtschaftssystem sonst schneller kollabieren wird, als wir es ersetzen können. Vor allem aber müssen wir langfristig denken: Ein klarer Blick auf die neue, längere Lebenszeit, die in Zukunft jeden und jede von uns erwartet (falls wir nicht vorher die ökologischen Grundlagen unserer Existenz zerstören), wird das Leben jedes einzelnen Menschen verbessern. Nicht nur, weil niemand mehr darunter leiden muss, einer Altersgruppe anzugehören, der bestimmte Eigenschaften zugeschrieben werden. Sondern vor allem, weil die freie Sicht auf 100 Jahre voller Möglichkeiten viele neue Lebenswege eröffnet.

Ja, wir haben viel Zeit. Aber wir haben nicht genug Zeit zu warten.

9. Gespräche 1: Julius sagt sein Alter nicht

Julius E. O. Fintelmann ist Mitgründer des im November 2022 gestarteten «The European Correspondent», ein Medium, das hauptsächlich per Newsletter über Europa berichtet. Er leitet die Redaktion, für die zurzeit rund 170 Journalistinnen und Journalisten noch unbezahlt arbeiten. Daneben studiert er und arbeitet für eine Wirtschaftszeitung. Also alles gut. Bis auf eine Kleinigkeit: Julius ist 21.

Wenn ich Leuten erzähle, was ich mache und wie alt ich bin, sei es auf Konferenzen, an der Uni oder privat, höre ich oft: «Krass, und das in deinem Alter!» Mir ist das unangenehm, weil für mich das Alter überhaupt nicht wichtig ist – ich möchte aufgrund meiner Arbeit beurteilt werden. Und ich will natürlich nicht weniger ernst genommen werden, weil ich noch jung bin. Doch dieses Gefühl habe ich manchmal.

Ich verschweige mein Alter oft. Bei beruflichen Events erwähne ich auch nicht, dass ich noch studiere. Im September 2023 bin ich auf einer Konferenz in Potsdam mit einem Journalisten ins Gespräch gekommen, der seit 30, 40 Jahren bei der «New York Times» arbeitet. Wir haben über Journalismus geredet und sind irgendwann auf mein Alter gekommen. Ich habe sofort bemerkt, dass mein Gegenüber dachte: «Den kann man nicht ernst nehmen, der muss noch viel lernen!» Klar habe ich weniger Lebenserfahrung. Aber ich finde so eine Haltung dennoch merkwürdig. Und das war leider kein Einzelfall.

Ich habe viele ältere Mitarbeiter, und schon die unterschiedlichen Sprachen, also der Slang der verschiedenen Altersgruppen, kann eine Herausforderung sein, genau wie die unterschiedlichen Lebenssituationen und die Wege zu kommunizieren. Es braucht den Willen beider Seiten, damit das klappt. Für mich ist es auch wichtig, anzuerkennen, dass ältere Kollegen vieles besser können als ich. Schreiben oder Redigieren sind Fähigkeiten, die mit der Übung über die Jahre besser werden. Da kann ich die Kollegen einfach machen lassen und mich auf ihre Erfahrung verlassen.

Es gibt sehr viele Fähigkeiten, die mit dem Alter besser werden, aber ich glaube nicht, dass Führung dazugehört. Im Gegenteil: Man kann sich da sehr schnell versteifen oder in was reinsteigern, was vielleicht nicht mehr angemessen ist. Das sieht man in Medienbetrieben, die sehr toxisch werden, wenn dieselben Leute sie über Jahre führen. Da ist frischer Wind extrem wertvoll. Ich plädiere deshalb dafür, dass sich Leute in Führungspositionen abwechseln.

Einen Generationenkonflikt erlebe ich in meiner täglichen Arbeit nicht. Aber ich kenne dieses Gefühl, dass wir die Scheiße der vorherigen Generationen aufräumen müssen. Wir müssen irgendwie dafür sorgen, dass wir den Planeten retten und eine Zukunft haben. Aber einfach zu sagen, die Alten sollen Platz machen, scheint mir genauso falsch, wie die Jungen nicht ernst zu nehmen, weil uns angeblich die Erfahrung fehlt.

Es gibt sehr viele Fähigkeiten, die mit dem Alter besser werden, aber ich glaube nicht, dass Führung dazugehört.

Der Körper

10.

Vielleicht ist es auch so: Du läufst Marathon und hast gerade deine persönliche Bestzeit übertroffen. Oder: Du versuchst, eine neue Sprache zu lernen, und schaffst es einfach nicht, dir die Vokabeln zu merken. Oder: Du trittst eine Stelle an und bringst frischen Wind in ein eingerostetes Team. Oder: Du bist gut darin, in schwierigen Lebenssituationen kluge Entscheidungen zu treffen. Oder: Du spielst Memory mit deiner Familie und gewinnst immer. Die Frage ist in allen Fällen: Wie alt bist du?

11. So wird es schon mal nicht

Eine kurze, keineswegs repräsentative Umfrage im Bekanntenkreis, wie sich die Menschen ihr zukünftiges Leben vorstellen, sowie eine oberflächliche Internetrecherche ergeben recht klare Vorstellungen vom fortschreitenden Alter: Kognitive Fähigkeiten und körperliche Leistung nehmen schon ab 25 ab. Alle Menschen werden mit der Zeit langsamer, können schlechter Neues lernen und werden zwangsläufig gebrechlicher. Dafür werden sie im Alter immerhin weiser und gewissenhafter. Das ist das herrschende Bild. Es ist falsch.

12. Kleine und große Unterschiede

Ein Mensch ist kein Durchschnitt. Das sollte allgemein bekannt sein, doch wäre es das wirklich, gäbe es keine Diskriminierung – sie beruht darauf, von der Statistik auf das Individuum zu schließen. Dass das nicht geht, liegt auf der Hand: Es ist zwar statistisch belegt, dass 70-Jährige im Durchschnitt weniger Kraft haben als 20-Jährige. Daraus lässt sich aber nicht schließen, dass Emilie (70) weniger Kraft hat als Tamara (20).

Tatsächlich entfernen sich die Menschen im Laufe ihres Lebens immer weiter von den ihren Gruppen zugeschriebenen Durchschnittswerten. Babys verhalten sich ähnlich, sie schlafen, schreien, essen. Doch dann passiert das Leben, wir werden immer verschiedener, und die Diversität steigt in so gut wie allen Dimensionen: Intelligenz, Fitness, Reife, Glück, Vermögen. Je älter wir sind, desto unterschiedlicher werden wir. Der Grund ist simpel: Biologische, psychologische und soziale Aspekte addieren und multiplizieren sich über die gesamte Lebensspanne, und über die Zeit werden aus kleinen Unterschieden große Unterschiede.

Sicher, es gibt Entwicklungen, die für alle gelten: Am Anfang des Lebens lernen wir die ganze Zeit und verbessern sehr schnell unsere kognitiven und körperlichen Fähigkeiten. Werden wir älter, nimmt dieses Tempo ab. Und mit der Zeit verlieren wir einen Teil unserer Fertigkeiten sogar wieder.

Aber selbst solche generellen Entwicklungen können sehr unterschiedlich ablaufen. Sicher ist nur: Die Regel ist

Je älter wir sind,
desto unterschiedlicher
werden wir.

nicht die Ausnahme, die Ausnahme auf keinen Fall die Regel, und alles andere muss als Einzelfall betrachtet werden. Oder so ähnlich.

13. Querschnittstudien – nun ja

Es gibt eine Fülle an Studien zur physischen und kognitiven Entwicklung, die Menschen aus verschiedenen Altersgruppen in denselben Bereichen testen. Solche Querschnittstudien zeigen gemeinhin, dass sich bei uns Menschen die meisten kognitiven Fähigkeiten wie logisches Denken, räumliche Orientierung oder Wahrnehmungsgeschwindigkeit bereits ab dem zarten Alter von 25 stetig verschlechtern. Im Gegensatz dazu zeigen ihre Befunde aber auch, dass sich das verbale Gedächtnis und der Wortschatz bis etwa 50 verbessern und bis über 70 auf einem hohen Niveau bleiben.

Querschnittstudien sind relativ einfach durchführbar, doch die Aussagekraft der Ergebnisse ist sehr beschränkt. Sie zeigen mir zwar, dass mein Opa, zumindest statistisch gesehen, schlechter logisch denken kann als ich. Aber was heißt das? Meine Generation ist besser ausgebildet, trinkt viel weniger Alkohol, treibt mehr Sport und geht im Laufe ihres Lebens seltener monotonen Tätigkeiten nach – unwahrscheinlich, dass all das keinen Einfluss auf die Unterschiede zwischen uns hat.

Kann ich also aus der Statistik schließen, dass mein logisches Denken im höheren Alter schlechter wird? Vielleicht sogar so schlecht wie das meines Opas? Ganz sicher nicht.

14. Längsschnittstudien – schon besser

Die Alternative zu Querschnittstudien sind Längsschnittstudien, für die Menschen über Jahrzehnte immer wieder untersucht werden. Längsschnittstudien ergeben ein ganz anderes Bild: Die kognitiven Fähigkeiten bleiben im Durchschnitt ab 25 bis etwa 67 relativ stabil, erst ab 80 zeigen sich deutliche Verschlechterungen.

Auch Längsschnittstudien haben methodische Probleme. Wer immer wieder getestet wird, lernt, mit den Tests umzugehen, und wird so über die Zeit besser. Zudem brechen einige Teilnehmerinnen den Versuch irgendwann ab, und tendenziell sind das die Menschen am unteren Rand des Leistungsspektrums.

Eine Schlussfolgerung bleibt aber: Es gibt keine wissenschaftliche Evidenz für eine zwangsläufige, signifikante Verschlechterung der kognitiven Fähigkeiten bei Menschen vor ihrem 80. Lebensjahr.

15. Marathonläufer und Sprinter

Mit der körperlichen Fitness scheint es laut vieler breit angelegter Studien anders zu sein. Sie weisen tatsächlich nach, dass sie ab ungefähr dem 25. Lebensjahr stetig zurückgeht: Muskelkraft, Knochenmasse, maximale Herzrate und Lungenleistung sinken kontinuierlich. Aber auch hier stellt sich die Frage: Warum ist das so?

Die Sportmedizin hat belegt, dass bei Sportlern natürliche Leistungsverluste erst viel später einsetzen. Eine Analyse der Marathonlaufzeiten von knapp einer halben Million 20- bis 79-Jähriger zeigt: Vor 55 sind keine generellen signifikanten Verschlechterungen erkennbar. Und auch danach geht es nicht steil, sondern gemächlich bergab. Dabei überwiegen die individuellen Unterschiede: Die Analyse der Marathondaten ergab, dass das beste Viertel der 65- bis 69-Jährigen immer noch schneller war als gut die Hälfte der 20- bis 54-Jährigen.

Eine ähnliche Studie hat die Geschwindigkeit von Sprintern analysiert. Bis 25 werden die Läuferinnen immer schneller, die besten rennen in einer Sekunde etwa 9,55 Meter. Danach geht die Leistung langsam zurück. Sehr langsam! So langsam genau genommen, dass die Läuferinnen mit 45 immer noch fast 9,5 Meter pro Sekunde schaffen.

Unsere Vorstellungen sportlicher Leistung sind geprägt von internationalen Wettbewerben. Wir sehen im Fernsehen die besten 8 Sprinterinnen unter 8 Milliarden Menschen. Bei solchen globalen Ereignissen spielen minimale Unterschiede eine Rolle – deshalb sind die weltweit besten Sprinterinnen alle in ihren 20ern. Wir schließen intuitiv daraus, dass 20-Jährige viel besser sprinten als 40-Jährige, aber tatsächlich sind die Unterschiede klein. So winzig genau genommen, dass sie für die allermeisten Situationen völlig irrelevant sind.

Was also ist dann das Problem?

16. Use it or lose it

Erwachsene sitzen viel rum. Ein Teil arbeitet im Büro, wo es zum Kern ihrer Tätigkeit gehört, auf ihrem Stuhl zu bleiben, genau wie in unzähligen Meetings, bei Geschäftsessen oder informellen Treffen. Abends sind sie müde und sitzen vor dem Fernseher. Und sind sie mit ihren Freunden unterwegs, gehen sie immer weniger tanzen, sondern sitzen im Restaurant oder im Kino oder in der Kneipe. Anders gesagt: Je älter wir werden, umso mehr trainieren wir vor allem unsere Sitzmuskulatur.

Fakt ist zwar: Zwischen 50 und 60 beginnt ein Verlust der Muskelfasern, der sich nicht wegtrainieren lässt – ab da nehmen die Leistungen zwangsläufig ab. Aber in welchem Maß? Es drängt sich der Verdacht auf: Der Rückgang der Fitness mit dem Alter hat sehr viel mehr mit dem Rückgang der körperlichen Bewegung zu tun als mit irgendeiner vermeintlich zwangsläufigen Entwicklung.

Wir alle wissen es eigentlich: Use it or lose it – tu was damit oder verliere es – ist die oberste Regel, wenn es um Fitness geht. Das ändert sich auch nicht ab einem bestimmten Alter. Es klingt banal, aber wir möchten es trotzdem explizit betonen, weil es ein sehr gutes Beispiel für ein wiederkehrendes Muster ist: Wir überschätzen generell altersbedingte Verschlechterungen. Und wir unterschätzen den Einfluss, den wir auf diese Entwicklungen haben.

Das Gehirn passt sich dem Leben an und entwickelt sich dabei immer weiter.

17. Flexibel und einfallsreich

All das gilt genauso für das Gehirn. Bis vor 30 Jahren wurde es für ein relativ statisches Organ gehalten, das im Verlauf des Lebens nur abbaut. Das hat sich als Irrtum erwiesen. Das Gehirn passt sich dem Leben an und entwickelt sich dabei immer weiter: Was viel genutzt wird, wird ausgebaut, was wir nicht brauchen, verkümmert – ganz unabhängig davon, wie alt wir sind.

Ab etwa 60 schrumpft das Gehirn. Doch damit gehen erst mal keine kognitiven Einbußen einher, weil es sich neu organisiert. Gehirnscans zeigen, dass bei jüngeren Leuten, die eine schwere Aufgabe lösen, oft nur ein Gehirnareal aktiv ist, während bei Älteren mehrere Areale gleichzeitig arbeiten. Solche Kollaborationen sorgen dafür, dass sich eine geringere Hirnmasse nicht automatisch auf die kognitiven Fähigkeiten auswirkt.

Dieses Muster lässt sich in vielen Bereichen des Alterns beobachten: Die maximale Leistung in isolierten Bereichen geht zwar mit der Zeit zurück, wird jedoch durch passende Strategien kompensiert. Wofür auch und vor allem in jüngerer Zeit der Einfallsreichtum des Menschen sorgt. Zwar verschlechtern sich im Alter zum Beispiel tatsächlich die Sinne, vor allem das Sehen und Hören, doch wir haben gelernt, damit umzugehen: Wir haben die Brille und das Hörgerät erfunden.

Die zu verändernden äußeren Rahmenbedingungen sind eine Möglichkeit, mit Einschränkungen umzugehen, aber es geht auch anders. Etwa bei der Stressbewältigung, wie Eva-Marie Kessler, Professorin für Gerontopsychologie, erklärt: «Ältere Menschen reagieren tatsächlich stärker auf stressige Situationen und brauchen länger, um sich davon zu erholen. Dafür sind Menschen im hohen Lebensalter besser darin, gar nicht erst in stressige Situationen zu kommen. Und passiert es ihnen doch, interpretieren sie die Situation häufiger positiv und lernen daraus. Sie verzweifeln auch nicht so schnell, selbst wenn sie scheitern.»

Ein Meister im Umgang mit altersbedingten Veränderungen war der Pianist Artur Rubinstein: Um noch im hohen Alter Konzerte geben zu können, verkleinerte er sein Repertoire und übte diese Stücke dafür umso mehr. Schwierigkeiten mit schnellen Passagen kompensierte er, indem er die Stellen davor betont langsam spielte. Die Leute dachten, er sei brillant. Und das war er auch – weil er einen guten Umgang mit seinen Schwächen gefunden hat.

18. Lernen kostet Zeit

Kinder lernen schneller als Erwachsene, das ist unbestritten. Artur Rubinstein wurde zum Virtuosen, weil er Talent hatte und schon als kleiner Junge dauernd am Klavier saß. Doch die landläufige Annahme, ältere Erwachsene könnten grundsätzlich nur mit großer Mühe neue Dinge lernen, ist falsch. Es ist sogar unklar, ob jüngere Erwachsene besser lernen können als ältere Erwachsene. Aber warum haben dann so viele Menschen schon jenseits der 30 das Gefühl, schlechter lernen zu können als früher, als sie jünger waren? Dafür gibt es drei Erklärungen:

- Wir können auch verlernen zu lernen. Grundlegende kognitive Fähigkeiten wie das Gedächtnis werden mit Training besser. Zudem hängt der Lernerfolg stark von der Technik ab, also wie zum Beispiel Lernende den Stoff für sich aufbereiten oder wie oft sie ihn wiederholen. Wer nach der Ausbildung zwanzig Jahre lang nicht mehr viel Neues lernt und dann wieder die Schulbank drückt, muss erst neu lernen zu lernen. Das kann dauern.
- Wer Neues lernen will, muss oft Altes verlernen. Neue Bewegungsabläufe zu lernen, braucht mehr Zeit, wenn die Muskeln zuvor über Jahrzehnte auf die immer selbe Art genutzt wurden. Deshalb arbeiten wir zum Beispiel bis heute mit einem Tastaturlayout, das vor mehr als 150 Jahren für Schreibmaschinen entwickelt wurde. Damals verhedderten sich bei einer alphabetischen Anordnung oft die Typenhebel, weil häufig benutzte Buchstaben-Kombinationen zu eng beieinanderlagen. Technisch ist das Problem längst behoben, und für die Ergonomie wäre eine Tastatur, die nicht rechteckig ist, ohnehin wesentlich besser, aber es würde ewig dauern, die ganze Welt umzuschulen.
- Der größte Unterschied zwischen lernenden 15- und 50-Jährigen ist nicht ihr Gehirn, sondern die Zeit, die sie haben. 15-Jährige tun hierzulande nicht viel mehr, als in die Schule zu gehen, daneben bleibt viel Freizeit. Wenn ein 15-Jähriger Gitarre lernen möchte, kann er in der Regel locker zwei Stunden pro Tag üben – dann spielt er eben weniger Fußball oder sieht seine Freun-

Die Natur ist eine Populistin: Einen komplexen Kern versteckt sie hinter Äußerlichkeiten.

din nicht jeden Tag. Wenn dagegen seine 50-jährige Mutter Gitarre lernen möchte, ist sie wahrscheinlich froh, wenn sie neben Job, Haushalt und Erziehungsarbeit dafür zwei Stunden pro Woche findet.

19. Was lebenslanges Lernen verhindert

Um etwas zu lernen, braucht es vor allem Übung. Das ist der zentrale Grund, warum es für Erwachsene, die einen neuen Sport oder ein neues Instrument lernen, fast unmöglich ist, ein wirklich hohes Niveau zu erreichen – sie können die Jahrzehnte, die Jüngere Vorsprung haben, niemals aufholen. Beim Erlernen von Fertigkeiten auf normalem Niveau hingegen können ältere Menschen sogar besser sein als junge: weil sie Lerntechniken beherrschen, neue Informationen an bestehendes Wissen anknüpfen können und sich selbst oder ihre Motivation besser kennen.

Der Hauptfeind des lebenslangen Lernens ist nicht das alternde Gehirn. Es sind Gewohnheiten und soziale Strukturen, die dazu führen, dass ältere Menschen mehr Mühe haben, Neues zu lernen. Und die lassen sich ändern.

20. Natürlicher Populismus

Fast alles ist ungewiss, individuell, formbar. Die zuverlässigsten mit dem Alter einhergehenden Veränderungen sind die oberflächlichen: Die Elastizität der Haut lässt nach – wir bekommen Falten. Oder graue Haare. Es ist wie mit der Hautfarbe und dem Geschlecht: Von außen sind sie oft gut erkennbar, aber sie sagen nichts über die Menschen an sich aus. Die Natur ist eine Populistin: Einen komplexen Kern versteckt sie hinter Äußerlichkeiten. Kein Wunder, dass wir ständig an Klischees scheitern.

21. Überschaubarer Einfluss

Machen uns die Gene zu dem, was wir sind, oder die sozialen Umstände? Es ist eine alte Streitfrage mit großen Implikationen, denn Umstände sind veränderbar, Gene nicht. Die Antwort ist auch in diesem Fall banal: Wie bei der Intelligenz, der Persönlichkeit oder der Anfälligkeit für psychische Krankheiten spielt beim Altern einmal mehr beides eine Rolle. Die Altersforschung geht davon aus, dass die Gene schätzungsweise bis zu 25 Prozent bestimmen können, wie alt jemand wird – schlechte Gene machen das Altwerden ein wenig schwieriger.

Mag also sein, dass die gerne gezeigten Super Ager geerbtes Glück in sich tragen, aber wer bis 100 täglich joggt oder an Schachturnieren teilnimmt, verdankt das sicher nicht allein dem Erbgut. Viel entscheidender für den Alterungsprozess ist der Lebensstil.

22. Selbsterhaltung der Diskriminierung

Während der relativ kurzen Lebensphase zwischen ungefähr 30 und 50 gelten Menschen nicht als zu jung oder zu alt, sondern als besonders leistungsfähig. In der Zeit bekommen sie wichtige Aufgaben, Führungsverantwortung und große berufliche Chancen, die mit ebenso großen Erwartungen einhergehen. Wer Karriereambitionen hat, muss es jetzt weit bringen, denn danach ist der Zug abgefahren.

Zur selben Zeit kriegen sie aber auch Kinder, legen sich Immobilien zu oder müssen sich manchmal noch um die Eltern kümmern, sodass zu den Arbeitsbelastungen etliche andere Aufgaben sowie unzählige Perspektivwechsel hinzukommen. Das Resultat: Stress, Stress, Stress!

Die Glücksforschung hat festgestellt, dass die Zufriedenheit im Laufe des Lebens oft einer durchhängenden Matratze gleicht: In der Mitte ist sie am tiefsten. Der Stress in den mittleren Jahren führt aber nicht nur zu einem akuten Verlust von Lebensqualität, sondern mindert die Gesundheit und Leistungsfähigkeit auch langfristig bis ins Alter. Bei dem einen verfestigt sich Bewegungsmangel, andere lernen nichts Neues, die Anfälligkeit für psychische Krankheiten ist besonders hoch, soziale Beziehungen gehen verloren und es bleibt kaum Zeit für Selbstreflexion oder Hobbys – ein wichtiges Detail, wie die Forschung zeigt, für kognitive Fitness im späteren Leben.

Das ist eine so zentrale Selbsterhaltungsschleife der Altersdiskriminierung, dass wir sie hier explizit betonen wollen: Wer sich Jahre, wenn nicht Jahrzehnte durchs Leben kämpfen muss, wird kurz vor der Rente kaum total fit sein.

Mal gut, dass du alles rechtzeitig erledigt hast? Nun ja.

Es wäre auch ein anderes Lebensmodell vorstellbar, auf das wir noch ausführlich eingehen werden: Wären die beruflichen Chancen besser übers Leben verteilt, könnten

Menschen in der Zeit, in der sie Kinder haben, weniger arbeiten. So blieben sie länger leistungsfähig und motiviert und könnten entsprechend tätig sein. Unter dem Strich würde die Lebensarbeitszeit gleich bleiben oder gar steigen – und wäre besser verteilt.

Das Problem ist bloß: In unserer heutigen Arbeitswelt ist das so nicht vorgesehen. Es ist nicht Vorbestimmung, geheimnisvolles Gesetz oder gar Schicksal, das uns daran hindert, bis ins hohe Alter produktiv zu sein. Wir haben in unserer Gesellschaft nicht die Wahl.

23. Gespräche 2: Frau Huber wechselt die Uniform

*Anfang 2024 hingen in den Trams und Bussen der Stadt Zürich Plakate mit der Aufschrift: «Wir suchen Trampilot*innen, die im Kino zu Dirty Dancing knutschten. Auch über 50-Jährige herzlich willkommen. Ausbildung bei vollem Lohn.» Die Ausbildung dauert bloß drei Monate, der Job ist sicher und gut bezahlt, doch die Eintrittshürden sind nicht zu unterschätzen: Nur wenige Prozent aller Bewerberinnen schaffen die Eignungstests. Eine davon ist Silvia Huber. Sie ist 52 und seit vier Jahren Trampilotin in der Stadt Zürich.*

Meine erste Ausbildung machte ich als uniformierte PTT-Beamtin, ich war also Briefträgerin. Mit 18 bekam ich mein erstes Kind und bald darauf mein zweites, aber nach einer Pause kehrte ich zurück zur Post. Es ist ein schöner Beruf, man ist an der frischen Luft und hat den Chef nicht andauernd im Rücken. Doch irgendwann fehlte mir die Herausforderung. Ich stand morgens um vier oder fünf auf, aber mein Gehirn konnte während der Arbeit weiterschlafen.

Eine Freundin hatte die Polizeischule gemacht, so kam ich auf die Idee, es auch zu versuchen. Ich war erst nicht sicher, ob ich die Herausforderung annehmen sollte, denn ich war mittlerweile alleinerziehend mit Kindern im Schulalter. Die Ausbildung war auch nicht einfach, und abends musste ich meinen Kindern bei den Hausaufgaben helfen, anstatt selbst lernen zu können. Aber ich habe es geschafft und wurde Polizistin auf Streife.

Als ich mit meinem neuen Partner noch ein Kind bekam, reduzierte ich mein Pensum bei der Polizei, doch die Teilzeitarbeit war stressig. Ich habe gekündigt und bekam dann ein viertes Kind, da habe ich erst mal nicht mehr gearbeitet. Als die Kinder größer waren, habe ich in Bäckereien und Cafés gejobbt, Service hat mir immer Spaß gemacht. Doch es wurde mir klar, dass ich das nicht bis zur Pensionierung machen wollte.

Schon als Kind bin ich gerne Tram gefahren, und so dachte ich, das könnte vielleicht ein Beruf für mich sein. Ich war fast 50 und unsicher, ob die mich noch nehmen in meinem Alter, aber ich versuchte es einfach. Bei den Eignungstests wurde die Reaktionsfähigkeit, die Konzentration, aber auch das Textverständnis getestet. Ich hatte nicht das Gefühl, dass ich besonders gut war, aber ich habe mich nicht aus der Ruhe bringen lassen – und dann hat es offenbar gereicht.

Jetzt habe ich den tollsten Beruf, den ich in meinem Leben je machen durfte. Das Alter kann beim Tramfahren ein

Vorteil sein, denn man muss alle Verkehrsteilnehmer überblicken und für alle mitdenken, das braucht Ruhe und Voraussicht.

Ich würde jedem, der einen Beruf sieht, der vielleicht Spaß machen könnte, empfehlen, es einfach zu versuchen. Sonst bereut man es vielleicht später.

Die Umwelt

24.

Vielleicht ist es auch so: Du bist über 50 und beneidest deine Tochter, die während nur eines Auslandssemesters Spanisch gelernt hat. Bis sie dich beruhigt: In deinem Alter kannst du das natürlich nicht mehr. Vom Sofa aus beobachtest du, wie dein Sohn sich auf einen Marathon vorbereitet. Er lacht: Früher warst du auch sportlich, oder? Deine Freunde sagen: Das ist das Alter. In Filmen siehst du: So sind die Alten. Sogar dein Arbeitgeber erklärt dir: Weiterbildung bringt nichts mehr. Und das ist erst der Anfang. Deine Eltern sagen: Warte, bis du in unserem Alter bist! Alle sind sich einig: Ab jetzt geht es bergab! Na, dann wird es wohl stimmen. Oder etwa nicht?

25. Absolut im Fluss

Altern bedeutet nicht Verfall, sondern Veränderung. Bei Menschen genau wie bei Wein. Oder Software. Die weiterentwickelt wird, wobei sie einige Eigenschaften verliert und andere hinzugewinnt. Wenn auch mit einem großen Unterschied: Was bei der Software geplant geschieht, erledigt beim Menschen die Erfahrung, also der Zufall, was zu überraschenden Wendungen führen kann. Was auch offen-

Altern bedeutet nicht Verfall, sondern Veränderung.

sichtlich wäre, würden wir den Lauf des Lebens wie Updates nummerieren: Clara 12.8. Oder Peter 21.2. Und statt Geburtstage feierten wir neue Entwicklungsschritte. Ich bin weiter! Ein guter Grund für eine Party.

Stattdessen starren wir auf Jahreszahlen. In jedem Alter. «Oh, in drei Monaten werde ich 30 – ich bin alt!» Oder: «Nächstes Jahr werde ich 65, da geht nicht mehr viel.» Oder: «Then I turned 20 / When did I turn 20? / How the fuck am I 20?», wie die britische Popsängerin Venbee 2023 in ihrem Hit «Gutter» sang. Nur Kinder wollen älter werden, für alle anderen ist es eine Last. Aber warum?

Ein Problem ist: Zahlen sind absolut, sie nageln dich an einem Punkt fest. Doch Menschen sind nicht statisch, sie befinden sich meist im Fluss. Das ist keine gute Basis, um die einen mit den anderen zu vergleichen. Erschwerend kommt hinzu, dass der Begriff «alt» negativ belastet ist, wir aber nur älter werden können.

26. Sprache

Kein Wunder, dass viele Menschen das Leben als Schräge sehen, auf der es unaufhaltsam abwärtsgeht. Was verstärkt wird durch die auf Wachstum fixierte Werbe- und Warenwelt, in der «alt» stets schlechter ist als «neu». Oder «jung». Eine sprachliche Gemeinheit: Wir können zwar unterscheiden zwischen einem jungen Team und einem neuen Team – aber ist ein altes Team eines mit einem hohen Durchschnittsalter oder eines, das schon lange existiert?

Das mag im ersten Moment akademisch wirken, aber

tatsächlich befinden sich Menschen gehobenen Alters sprachlich automatisch in der Nähe von Schrott und überholten Konzepten – alles alt, alt, alt. Für das Gehirn, dieses arme überforderte Ding, ist das schwierig:

Alte Zahnbürste = schlecht.

Alte Frau = unklar?

Das kriegt es nicht gut hin. Eine klügere Sprache wäre vermutlich hilfreich. Die könnte zum Beispiel so aussehen:

Früher	Morgen
altern	entwickeln
veraltet	überholt
alternde Gesellschaft	langlebige Gesellschaft
verjüngen	auffrischen

Und so weiter. Und bevor jetzt jemand «Sprachpolizei» sagt: Das ist kein Quatsch für Akademiker – das ist essentiell. Denn Alter beginnt im Kopf. Albert Einstein hatte recht, als er sagte: «Probleme kann man niemals mit derselben Denkweise lösen, durch die sie entstanden sind.»

27. Zeitreise

Wie stark der Mindset nicht nur das Altersgefühl, sondern sogar die persönliche Verfassung beeinflusst, wurde im Herbst 1979 wissenschaftlich untersucht. Die Harvard-Sozialwissenschaftlerin Ellen Langer beherbergte damals für ein Experiment eine Woche lang acht ältere Menschen in einem ehemaligen Kloster in New Hampshire. Die Räume hatte sie zuvor mit Möbeln und Geräten aus dem Jahr 1959 einrichten lassen, es gab Bücher und Magazine aus der Zeit, auf dem Schwarz-Weiß-Fernseher liefen Programme von damals wie die «Ed Sullivan Show».

Zudem wurden die Teilnehmenden aufgefordert, sich in die Ära hineinzudenken: Sprachen sie über die Nachrichten, den Start des ersten US-Satelliten etwa oder den neuen Hitchcock-Thriller «Das Fenster zum Hof», sollten sie das im Präsens tun – das war jetzt ihr Heute.

Einige der Leute waren sehr gebrechlich, doch niemand bekam Hilfe – alle wurden behandelt, als wären sie 20 Jahre jünger. Passend dazu gab es nirgends Spiegel – Falten existierten höchstens im Gesicht des Gegenübers. Es war eine Reise in eine andere Zeit.

Das war die Counterclockwise-Studie. Die Teilnehmer waren vor Beginn auf viele Arten getestet worden, und als sie nach einer Woche dieselben Tests absolvierten, schnitten sie durchgehend deutlich besser ab: Sie waren geschmeidiger, saßen gerader, wurden von Außenstehenden als jünger wahrgenommen und konnten sogar besser sehen.

«Ihr Geist», erklärte Langer der «New York Times» 2014, «hatte sich in eine frühere Zeit begeben, und die Körper waren ihm gefolgt.» Es sei wie in Lourdes gewesen, meinte sie: Als bei der Abfahrt der Bus zu spät kam, sei es spontan zu einem Ballspiel gekommen, bei dem schließlich alle mitmachten – sogar die, die eine Woche zuvor kaum stehen konnten.

28. Dickie Bird weint

Die Counterclockwise-Studie schaffte es in einige Bücher, blieb aber ansonsten folgenlos. Bis sie von der BBC 2010 für eine Doku-Serie wiederholt wurde, mit Ellen Langer als Beraterin. In «The Young Ones» verbrachten sechs britische Prominente, die älter als 70 oder sogar 80 waren, eine Woche in einem Ambiente der 70er Jahre. Auch ihnen ging es danach durchgehend erheblich besser: Die Schauspielerin Liz Smith, die im Rollstuhl angereist war, konnte am Ende wieder gehen, nur gestützt von einem Stock. Und der damals 77-jährige Cricketspieler Dickie Bird, der während der Serie unter anderem nach langer Zeit wieder auf ein Cricket-Feld gegangen war, brach im Nachgespräch sogar in Tränen aus: «Ich fühle mich wie ein anderer Mensch. Und alle um mich herum sagen, dass sie die Veränderung sehen können.»

Ein Hauch von Wunderheilung schwebt auch über diesem Experiment. Aber scheint es uns vielleicht nur unerklärlich, weil wir uns nicht vorstellen können, dass sich Menschen in so kurzer Zeit so stark verändern? Denn das ist letztlich die Botschaft: Menschen sind flexibel. Wir können alles Mögliche sein oder werden. Nicht nur, wenn wir schon älter sind.

29. Kinder als Eltern

Wenn Kinder sich viel um ihre Eltern kümmern, weil die zum Beispiel über eine längere Zeit krank sind oder erhebliche psychische Probleme haben, wird das Parentifizierung genannt. Der Begriff stammt aus der Familientherapie und bezeichnet die Umkehr der sozialen Rollen zwischen Eltern und Kind – die Kinder werden zu Erwachsenen, die Erwachsenen zu Kindern. Das hat Auswirkungen über viele Jahrzehnte, die sehr unterschiedlich sein können. In jedem Fall zeigt sich jedoch: Wir können unter bestimmten Umständen völlig andere Fähigkeiten entwickeln.

Parentifizierung ist weitverbreitet und nicht neu. In dem 1931 erschienenen Kinderroman «Pünktchen und Anton» von Erich Kästner war sie auch schon ein Thema: Die Geschichte des Jungen Anton, der von einem Tag auf den anderen zum Erwachsenen wird, weil er sich um seine Mutter kümmern muss, ist ein perfektes Beispiel für die Kraft der Veränderung, die in uns allen steckt. Sie zeigt aber auch, dass wir dabei nicht völlig frei sind: Unser Umfeld steckt uns in Rollen, die wir unbewusst annehmen.

Wir werden zu dem, was uns nahegelegt wird, selbst wenn es ein Klischee ist. Es muss uns nur lange genug untergeschoben werden.

30. Neuroplastizität

Der Grund für solche Bestätigungsschleifen ist die Neuroplastizität, also die Fähigkeit des Gehirns, sich permanent anzupassen und zu verändern. Das Prinzip dahinter ist einfach: Verbindungen zwischen Nervenzellen im Gehirn werden stärker oder schwächer, je nachdem, ob sie häufig oder selten genutzt werden, wie Wege, die wir häufig oder

Schon mal eine grauhaarige Hackerin gesehen? Oder eine Chefin im Hoodie?

selten gehen. Das ist einerseits gut, weil wir uns so an alle Veränderungen anpassen können. Es ist aber auch schwierig, weil wir nicht nur das lernen, was wir wollen oder sollen, sondern aus allem, was um uns herum geschieht. Und das ist nicht immer hilfreich.

Hinzu kommt, dass das Gehirn nicht gut zwischen Realität und Fiktion unterscheiden kann. Das hat den großen Vorteil, dass uns Bücher oder Filme in neue Welten hineinziehen, in denen wir anders leben können. Im besten Fall fangen wir an zu träumen: «Ich will fliegen wie bei Marvel» (Nina Chuba, «Wildberry Lillet»). Im schlechtesten Fall lernen wir, dass es keine Alternative zum Kampf gibt, wenn wir etwas erreichen wollen – ein Standard im Mainstream-Kino.

Die Menschen, die uns ständig in Film und Fernsehen begegnen, prägen unser Altersbild nicht zuletzt auch, weil sie einen vermeintlich normalen Alltag darstellen. Und wie sieht der aus? Schon mal eine grauhaarige Hackerin gesehen? Oder eine Chefin im Hoodie? Und was tun noch fitte oder zumindest gut gelaunte ältere Herrschaften? Genau: Sie arbeiten den ganzen Tag im Garten, kümmern sich um die Enkel, kochen die Gerichte von einst und geben zu allem und jedem gute Ratschläge. Was sie können, weil sie sehr viel Zeit haben, denn: Arbeiten gegen Geld? Nein, das tun sie selbstverständlich nicht.

Das ist mehr als eine Marginalie. Jedes gezeigte Klischee ist ein kleiner Schritt zu seiner Verwirklichung. Was wir vorgesetzt bekommen, machen wir nach. Das ist die schlechte Nachricht. Aber es gibt auch eine gute.

31. Das kriegst du hin!

Wir verändern uns, wenn sich die Welt verändert. Und die Welt verändert sich, wenn wir uns verändern. Das bedeutet: Beginnt irgendwo eine Bewegung, kann es zu einer Spirale der Veränderung kommen. Den Anfang kann schon ein Spruch schaffen. Wer statt «Du bist zu alt für den Quatsch» oder «Das ist kompliziert, lass das einen alten Hasen machen» eine Variante von «Das kriegst du hin!» wählt, schafft Bewegung: Alte probieren Neues, Junge trauen sich mehr zu. Und bewegen sich die Menschen erst mal, lösen sich Gewohnheiten schnell auf. Das Neue wird mit der Zeit normal und schließlich zum Standard.

Letztlich ist das eine Variante von sozialer Ansteckung, laut des «Dictionary of Psychology» der Oxford University «die Verbreitung von Ideen, Einstellungen oder Verhaltensmustern innerhalb einer Gruppe durch Nachahmung und Konformität». Soziale Ansteckung ist überall und führt oft zu unerfreulichen sozialen Epidemien: Fettleibigkeit, Rauchen, SUVs, Suizid, übergroße Wohnungen. Sie hatte aber auch schon Anteil an vermeintlich Unmöglichem, etwa dem Ende der Rassentrennung in den USA in den 60ern, dem Ende der DDR einige Jahrzehnte später oder der einst unvorstellbaren rechtlichen Gleichstellung der Geschlechter.

32. Gespräche 3: Lernen im Tandem

Beim Onlinehändler Otto wird viel Wert auf inklusive Arbeitskultur gelegt. Das Unternehmen ist durchzogen von Netzwerken, die sich um unterschiedliche Dimensionen von Inklusion und Diversität kümmern, um Frauen, Queere, Väter, Behinderte etc. In den Netzwerken treffen sich Menschen aus verschiedenen Bereichen und Hierarchiestufen, die sich neben ihren Hauptaufgaben freiwillig für Diversität engagieren und dafür bis zu 10 Prozent ihrer Arbeitszeit investieren dürfen. Unterstützt werden sie dabei von einem kleinen Team rund um Daniel Wiegemann, dem Bereichsleiter für Gesundheits- und Eventmanagement.

Das 2018 gegründete Netzwerk #experienced beschäftigt sich mit altersdiverser Arbeit. Es fördert das Bewusstsein für Generationenvielfalt, spricht vermeintliche Tabuthemen wie die Wechseljahre an und zeigt positive Beispiele der Zusammenarbeit zwischen Jung und Alt. Das funktioniert so gut, dass bei einer Podiumsdiskussion, die Generationenkonflikte sichtbar machen sollte, friedliche Einigkeit herrschte. «Obwohl wir die Veranstaltung bewusst provokant betitelt haben», erzählt Wiegemann, «im Sinne von ‹Boomer sind an allem schuld, Gen Z ist faul›, und die Teilnehmenden explizit ermuntert wurden, rücksichtslos zu sagen, was sie denken, kam am Ende raus, dass die unterschiedlichen Generationen keine Probleme miteinander haben.»

Im Gegenteil: Sie arbeiten gerne zusammen. Das dokumentiert das Netzwerk unter anderem in einer Bildergalerie mit sogenannten Generationentandems, zu denen auch Ariadne Riga (31) und Ingrid Menendez (66) gehören. Riga hat mit Anfang 20 eine Ausbildung im IT-Bereich bei Otto gemacht und leitet heute das Risikomanagement für den Marketplace, außerdem ist sie Mitglied der firmeneigenen Ethikkommission, die darüber entscheidet, ob Produkte aus ethischen Gründen vom Verkauf ausgeschlossen werden. Menendez hat in Moskau bei einem Tochterunternehmen von Otto gearbeitet, das 2018 geschlossen wurde. Sie ging im selben Jahr zu Otto Marketplace, wo sie anfangs im Controlling arbeitete und später ins Risikomanagement wechselte. Sie ist verrentet, arbeitet aber trotzdem in Teilzeit weiter.

Ihr bildet in eurer Abteilung ein Generationentandem – was lernt ihr voneinander?

Ariadne Riga: Ingrids Lebenslauf ist so beeindruckend: Sie war lange in Moskau und hat sich mit 60 wieder in Deutschland beworben, in einer ganz neuen Lebenssituation. Sie ist da sehr optimistisch rangegangen, Ingrid geht Veränderungen und Herausforderungen allgemein auf eine sehr positive Art an. Auf der persönlichen Ebene habe ich unfassbar viel von ihr lernen dürfen.

Ingrid Menendez: In Sachen Computer kann ich von Ari und den anderen Kollegen im Team viel lernen. Ich muss ehrlich sagen, dass einem, wenn man älter ist, der Umgang mit Neuerungen nicht immer so leicht fällt wie jungen Leuten, die einmal draufklicken und schon drin sind. Da braucht man eben Unterstützung – und die bekomme ich. Da zieht keiner ein Gesicht, die Kolleginnen und Kollegen zeigen mir Sachen auch ein zweites oder drittes Mal, bis ich es verstanden habe.

Hat sich durch den regelmäßigen Austausch euer Bild von der jeweils anderen Generation verändert?

Ingrid Menendez: Ich hatte da kein festes Bild. Wahrscheinlich liegt das an meinem Lebenslauf. Ich habe in verschiedenen Ländern gelebt und gearbeitet, habe verschiedene Kulturen kennengelernt und Menschen unterschiedlichen Alters. Als ich jünger war, war mein Chef immer älter. Jetzt ist es eben umgekehrt.

Ariadne Riga: Ich hatte früher manchmal das Gefühl, dass mit dem Alter eine gewisse Veränderungsresistenz einhergeht. Und ich bin beeindruckt, wie wenig das stimmt. Da habe ich schon irgendwann gedacht: Krass, du warst so vorurteilsbehaftet – das stimmt alles überhaupt nicht. Es geht nicht um das Alter, es geht um die Person. Ingrid ist wirklich das beste Beispiel.

Ingrid Menendez: Ich muss aber auch sagen, dass ich in meinem Umfeld, also nicht hier im Team, aber im großen Umfeld, viele Vorurteile erlebe. Da heißt es: Die ist alt und kann nichts mehr leisten, die ist dauernd krank, sie kommt nicht mehr mit, ist zu langsam, schnallt die Ausdrücke nicht und so weiter. Umgekehrt höre ich aber auch von älteren Menschen über die Jungen: Die arbeiten nicht so gewissenhaft.

Haltet ihr es für sinnvoll, in einem Team bewusst auf Altersdiversität zu achten?

Ariadne Riga: Für mich als Führungskraft ist entscheidend, ob die Person die fachlichen Kompetenzen mitbringt und von der Persönlichkeit her zu uns passt – die Diversität ist erst mal zweitrangig. Aber wenn ich feststelle, dass mein Team unausgewogen zusammengestellt ist, liegt es an mir, das im Rahmen der Rekrutierungen zu ändern. Wir haben das auch gemacht: Eine Zeit lang haben wir viele junge Kollegen und Kolleginnen eingestellt und irgendwann bewusst einen erfahrenen Kollegen dazugenommen.

Ingrid Menendez: Ich arbeite gerne in einem Team mit vielen jungen Mitarbeitern, weil ich merke, wie positiv das auf mich wirkt. Auch in Bezug auf Fachliches und am PC, aber ein wichtiges Kriterium ist, dass ich, wenn ich von vielen jungen Leuten umgeben bin, mich mit jedem Tag jünger fühle.

Der Glaube

33.

Vielleicht ist es auch so: Als du klein warst, hat Oma immer komisch gerochen – das ist wohl so bei alten Menschen. Später musstest du nicht mehr auf dem Schoß älterer Menschen sitzen, aber wenn du welche getroffen hast, hast du gerne ein wenig Abstand gehalten – du hattest diesen unangenehmen Geruch immer noch in der Nase. Irgendwann hast du dich gefragt, ob du vielleicht auch schon so riechst. Vor allem beim Dating. Nicht dass du da was erwartet hättest, wer sollte dich in deinem Alter noch wollen. Und es war auch so: Trotz viel Deo und Parfüm hielten die Gegenüber immer ein wenig Abstand. Ist wie bei Mundgeruch: Du riechst es selber nicht, aber alle anderen. Bis du doch noch jemandem gefallen hast. Und es richtig gut war. Nur eine Kleinigkeit verstehst du nicht: Warum war die erste Bitte, nicht so viel Deo zu benutzen?

34. Noch

Niemand muss dir sagen, dass du alt bist, damit du dich alt fühlst. Du brauchst dafür auch keine Sprüche oder Klischees. Du musst nicht einmal ein bestimmtes Alter erreichen, um dich alt zu fühlen. Es reicht, an die Zukunft zu

Niemand muss dir
sagen, dass du alt bist,
damit du dich alt fühlst.

denken. Beziehungsweise das, was du dafür hältst. Elia sagte gestern: «Jetzt bin ich 30, jetzt könnte ich noch etwas Neues anfangen.» Womit er implizit gesagt hat: Mit 40 oder 50 kann ich das nicht mehr.

Das Zauberwort, das jede strahlende Zukunft in tiefstes Dunkel verwandelt, heißt: «noch». Noch kann ich morgens laufen gehen. Noch kann ich meinen Computer selbst upgraden. Noch lerne ich viele interessante Leute kennen. «Noch» bezeichnet eine absehbare Grenze: Bald wird es nicht mehr so sein wie heute, bald werde ich das nicht mehr können. Bald bin ich dafür zu alt.

Wie wir gesehen haben, fehlt dieser vermeintlichen Kausalität jede wissenschaftliche Basis. Trotzdem ist das Gefühl weitverbreitet. Viele Menschen glauben spätestens ab 30, dass sie alt werden. Und das hört nie auf. Ein vorherrschender, altersübergreifender Konsens, über den niemand redet, lautet: In zehn Jahren wird es mir schlechter gehen als heute.

Kaum zu glauben, dass ein so abwegiger Glaube so populär ist. Er grenzt an magisches Denken, mit dem er neben der Faktenferne eine weitere üble Eigenschaft teilt: die Neigung zur selbsterfüllenden Prophezeiung. Wer von sich glaubt, alt zu werden, wird es schneller.

35. Autodiskriminierung

Die am meisten unterschätzte Superkraft des Menschen ist Autosuggestion. Dabei ist sie kein Geheimnis: In fast jeder Erfolgsgeschichte glaubt die Heldin gegen alle Widerstände, Warnungen und Wahrscheinlichkeiten an sich, bevor sie etwas fast Unmögliches schafft. Im Sport ist ein Allgemeinplatz: Wenn du dir nicht vorstellen kannst zu gewinnen, wirst du nicht gewinnen. Auch in der Wirtschaft leben viele Coaches und Berater vom Vermitteln eines Erfolgs-Mindsets.

Blöd ist bloß, dass es andersrum ebenfalls funktioniert: Ich kann das nicht, ich schaffe das nicht, ich bin zu doof, zu ungeschickt – dann wird es auch nichts. Ähnliches gilt für: Ich bin zu alt.

Während wir dieses Buch planten, haben wir uns oft über das Alter als Ausrede lustig gemacht. Wer keine Lust hat aufzuräumen, Sport zu machen oder auszugehen, sagt gerne mal: Ich bin so müde, ich bin eben alt. Oder ich kann das nicht, ich bin zu jung. Ein sehr bequemer Vorwand. Der lustig ist – bis ihn jemand ernst meint. Selbst Menschen, die diesen Satz nie über andere sagen würden, weil ihnen bewusst ist, dass er eine üble Diskriminierung wäre, sagen und denken das von sich selbst. Womit sie sich aufgrund ihres Alters abwerten. Das ist Autodiskriminierung.

Ihre Basis entsteht lange bevor wir in Filmen oder im Fernsehen, am Arbeitsplatz oder im Freundeskreis mit Altersvorurteilen überschüttet werden. Bereits kleine Kinder bekommen regelmäßig Klischees über Alte zu hören, über die Oma, die schon etwas tüdelig ist, oder den Nachbarn, der nicht so schnell kann, weil er, klar, alt ist. Und weil wir in dieser frühen Zeit am stärksten geprägt werden, verinnerlichen wir das für den Rest unseres Lebens. Bis wir selber älter werden. Und siehe da: Wir sind genauso.

Das ist fast so lustig, wie eine Slapstick-Nummer, bei der eine Torte auf dem Tisch steht, von der in der ersten Minute klar ist, dass sie sich jemand später aus dem Gesicht wischen wird. Nur sind die Folgen in diesem Fall dramatisch: Sie kosten uns Lebenszeit.

36. Schneller sterben

Die Ohio Longitudinal Study on Aging and Retirement war die größte US-Studie über das Alter in der zweiten Hälfte des 20. Jahrhunderts. Sie begann 1975, lief über 20 Jahre und umfasste alle Bevölkerungsschichten. Unter den vielen Fragen gab es auch einige über das Verhältnis der Teilnehmenden zum Altern. Die Antworten darauf setzte die Psychologin Becca Levy 2002 ins Verhältnis zur Lebenserwartung der Befragten. Und stellte fest: «Die Probanden mit den positivsten Altersbildern lebten im Durchschnitt siebeneinhalb Jahre länger als die mit den negativsten.»

In ihrem Buch «Du bist so alt, wie du dich denkst» schreibt Levy: «Da über diese Personen aus Ohio so viele Informationen erhoben worden waren, war es mir möglich zu belegen, dass Altersbilder die Lebenserwartung stärker beeinflussten als Parameter wie Geschlecht, ethnische Zugehörigkeit, sozioökonomischer Status, Alter, Einsamkeit und Gesundheit. Altersbilder nahmen oder gaben den Betreffenden fast acht Lebensjahre und bildeten sogar einen besseren Überlebensvorteil als ein geringer Cholesterinspiegel oder ein niedriger Blutdruck (beide standen für vier Extrajahre), ein geringer Body-Mass-Index (ein Extrajahr) oder der Verzicht auf das Rauchen (drei Extrajahre).»

In den folgenden Jahren führte die Yale-Professorin, die heute auch als Beraterin der US-Regierung und der Weltgesundheitsorganisation im Bereich Ageismus tätig ist, weitere Versuche durch. Sie zeigte Probanden zum Beispiel positive oder negative Worte über Alter, die sie nur unbewusst wahrnehmen konnten, und stellte fest: Wer negative Begriffe gesehen hatte, bewegte sich kurz danach messbar langsamer. In einer anderen Studie untersuchte sie die Häufigkeit von Alzheimer-Erkrankungen bei Menschen mit genetisch erhöhtem Demenzrisiko. Ein negatives Altersbild, zeigte sich, führt zu einem höheren Erkrankungsrisiko.

37. Körper voller Vorurteile

Die Ergebnisse ihrer Studien waren so kohärent, dass Becca Levy eine neue, umfassende Theorie zur Wirkung von Altersstereotypen entwickelte: die Stereotype Embodiment Theory (SET). Ihre Grundaussage ist simpel: Negative Altersstereotype schaden der Gesundheit. Das geschieht über vier Mechanismen, die elegant ineinandergreifen wie eine schöne, böse Maschine:

- Die Stereotype sitzen tief, weil wir sie schon in der Kindheit lernen und sie über das gesamte Leben immer wieder bestätigt werden.

- Sie wirken unbewusst, sodass wir nur wenig Einfluss auf sie haben.
- Sie verstärken sich selbst mit fortschreitendem Alter. Ein typisches Beispiel: Wer mit 30 sein Telefon nicht findet, denkt sich nichts dabei. Wem dasselbe mit 60 passiert, sieht es als Bestätigung: Ich werde wirklich alt und vergesslich.
- Sie schaden der Gesundheit, weil sie Psyche, Verhalten und Körper beeinflussen.

Letzteres ist leicht vorstellbar: Wer in einer altersdiskriminierenden Welt von sich glaubt, alt zu sein, hat ein niedriges Selbstwertgefühl und wird, weil der Verfall ohnehin unabwendbar scheint, weniger Sport machen oder auf die Ernährung achten, was wiederum zu schlechter Kondition führt und in der Folge das bereits bestehende Selbstbild verstärkt. Kein Wunder, dass die Opfer solcher Vorstellungen, wie Levy nachgewiesen hat, ihre Medikamente häufig nicht regelmäßig einnehmen, was natürlich zu weiteren Problemen führt.

Doch der Einfluss auf den Körper beginnt schon früher. Levy hat erst in einer eigenen Arbeit und später bei der Auswertung von Daten einer über 30 Jahre laufenden Studie des National Institute on Aging in Baltimore festgestellt, dass Altersklischees zu Stress führen. Dafür wurden die Probanden zu Anfang nach ihren Altersbildern befragt und im Anschluss alle drei Jahre ihr Cortisolspiegel gemessen. Cortisol ist das zentrale Stresshormon. Bei Belastungen kann es, wie Adrenalin, kurzfristig nützlich sein.

Langfristig hohe Werte dagegen schaden dem Körper massiv.

Auch diese Daten waren eindeutig: Bei den älteren Probanden mit negativen Altersbildern stiegen die Cortisolwerte über 30 Jahre um 44 Prozent. Bei denen mit positiven Altersbildern dagegen sanken sie in derselben Zeit um 10 Prozent. Und damit kommen wir zu den guten Nachrichten.

38. Alt ist cool

Die Weltgesundheitsorganisation bezeichnet Altersdiskriminierung als weitverbreitet, allgegenwärtig und heimtückisch, weil sie weitgehend unerkannt und unangefochten bleibt. Wir finden es völlig normal, an die Menschen um uns herum und sogar an uns selbst altersdiskriminierende Erwartungen zu haben: «Je älter, desto weniger Leistung» ist nur eine von vielen. Das gilt besonders für die Arbeitswelt, wo dieser Glaube auf viele Arten institutionalisiert ist.

Doch so, wie sich negative Altersklischees über Regelungen festschreiben lassen, geht es auch mit positiven Klischees. Ein simples Beispiel: Wenn jedes Team, dem automatisch ein junges Mitglied für Social-Media-Aktivitäten angehört, auch ein älteres Mitglied für Beratung zugeteilt bekommt, bleibt zwar alles innerhalb enger Klischeegrenzen – aber zumindest sind es positive Klischees. Kein schlechter Anfang.

Das bringt nicht nur Unternehmen weiter, sondern auch Menschen, die in unterschiedlichen Rollen ähnliche

Wertschätzung bekommen. Denn das hat Becca Levy ebenfalls festgestellt: Positive Klischees schützen die Gesundheit – niedriges Cortisol in hohem Alter ist nur eine Folge. Eine andere, mindestens genauso wichtige ist: gute Laune.

Levy ist über die Jahre zu einer regelrechten Kreuzzüglerin gegen Ageismus geworden. In ihrem Buch listet sie Maßnahmen und Material gegen Altersklischees auf, sie hat sogar einen «Aufruf zur Beendigung von struktureller Altersfeindlichkeit» geschrieben. Doch bei all dem ist sie so bemerkenswert freundlich und gelassen, dass sich der Verdacht aufdrängt, sie habe das von den Älteren gelernt.

Aber vielleicht ist sie auch einfach nur optimistisch, weil sie die Entwicklung zu Ende gedacht hat.

Die Demografie

39.

Vielleicht ist es auch so: Du sitzt mit deiner Familie am Mittagstisch. Alle haben Hunger, aber es gibt kein Essen. Der 3-jährige Amir ist zu klein zum Kochen, und die 90-jährige Anna sitzt im Rollstuhl, sie kriegt es nicht hin. Lena ist raus, weil sie für die Meisterprüfung lernen muss. Max war schon einkaufen und hat den Abwasch gemacht – er findet, jetzt ist ein anderer dran. Leo räumt den Keller auf, was nicht so dringend ist, aber alle gut finden. Natascha hat gestern gekocht und will nicht immer die Köchin sein. Manuel meint, er sei schon älter und das sei was für junge Leute. Stella kann nicht kochen und ist so ungeschickt, dass sie besser nicht die Küche betritt. Und du bist zu fertig, weil du mal wieder eine Doppelschicht geschoben hast. Die Frage ist: Werden alle verhungern, weil niemand kocht?

40. Ein Satz Nostalgie

Demografie ist nicht unsichtbar. Wer heute in Rente geht, erinnert sich noch an Straßen voller Kinder, die lautstark Abenteuer fanden, wo Erwachsene nur Kopfsteinpflaster sahen. Das ist an vielen Orten vorbei, nicht nur, weil in Deutschland alles asphaltiert wird: Es gab in der zweiten

Hälfte des vorigen Jahrhunderts bei uns mehr Kinder als Menschen über 60. Heute sind die Mehrheit Ältere, die gegen ein paar lärmende Kinder vor dem Haus wahrscheinlich nichts hätten, aber das können sie vergessen: Sie werden auch in Zukunft in der Überzahl sein.

In einer langlebigen Gesellschaft steigt nicht nur das Durchschnittsalter, unterschiedliche Altersgruppen wachsen auch unterschiedlich stark – die Kindheit wird nun mal nicht länger. Das führt zu einer immer größeren Asymmetrie zwischen den beiden äußeren Altersstufen.

	Jünger als 20	20–66	Älter als 66	Anzahl Menschen
1950	30 %	62 %	8 %	69,3 Mio
2000	21 %	65 %	14 %	82,3 Mio
2024	**19 %**	**61 %**	**20 %**	**84,0 Mio**
2050	18 %	56 %	26 %	79,4 Mio

Das ist die Entwicklung in Deutschland sowie eine Prognose des Statistischen Bundesamts aus einem Szenario, das eine moderate Entwicklung der Geburten und der Lebenserwartung sowie eine geringe Einwanderung annimmt. Letzteres ist relevant, weil in Deutschland seit 1972 jedes Jahr mehr Menschen sterben als geboren werden. Für Bevölkerungswachstum hat seitdem allein die Einwanderung gesorgt.

Die steigende Lebenserwartung bringt mehr aktive Jahre und verlängert nicht die Phase des Verfalls vor dem Tod.

Auf diesen Zahlen basieren prognostizierte Versorgungslücken und hohe Abgabenlasten der Zukunft, vor denen immer wieder gewarnt wird. Tatsächlich wäre es für den Arbeitsmarkt, die Altersvorsorge, das Gesundheitswesen und jeden einzelnen Menschen ein echtes Problem, würde die Veränderung der Demografie alleine stehen, während alles andere gleich bleibt. Aber das ist nicht der Fall.

41. Überschätzter Verfall

Dass Menschen älter werden, bedeutet nicht, dass sie länger gebrechlich sind. Die zusätzlichen Jahre werden nicht hinten drangehängt, damit die metaphorische Oma länger ihr Gebiss suchen kann, sondern verlängern die zweite Hälfte des Lebens insgesamt. Die erste Lebenshälfte bleibt, zumindest biologisch gesehen, wie sie ist: Die Kindheit verschiebt sich ebenso wenig wie die Menopause, mit der die Zeit für Kinder zumindest für Frauen endet. Neu ist dagegen, was danach kommt.

Die steigende Lebenserwartung bringt mehr aktive Jahre und verlängert nicht die Phase des Verfalls vor dem Tod, in der Menschen am meisten medizinische Hilfe und Pflege brauchen, im Gegenteil. Forscher der Universität Lausanne haben untersucht, wie viele gesunde und wie viele kranke Jahre eine 65-jährige Person noch vor sich hat. Das Ergebnis ist eindeutig: Zwischen 2007 und 2017 stieg die Lebenserwartung in guter Gesundheit für 65-Jährige um rund 1,8 Jahre, während die zu erwartende Zeit der Krankheit um rund acht Monate abnahm.

Der Grund dafür ist simpel: Ein gesunder Lebensstil und eine gute medizinische Versorgung verlängern nicht nur das Leben, sondern verbessern die Gesundheit allgemein. Etwa bei Demenzerkrankungen: Ihr Beginn verschiebt sich, statistisch gesehen, fortlaufend in ein höheres Alter, und das sogar schneller als die Lebenserwartung steigt. Die Betroffenen sind also, zumindest im Durchschnitt, zunehmend weniger lang dement als früher.

Die Gesundheitskosten steigen zurzeit zwar insgesamt, aber Studien haben gezeigt, dass der demografische Wandel nicht der große Kostentreiber ist. Er wird auch nicht zu einer Pflege-Explosion führen: Der Anteil der Menschen über 70, die in Pflegeeinrichtungen leben, wird generell massiv überschätzt – er beträgt laut der Antidiskriminierungsstelle des Bundes rund 6 Prozent.

Die höhere Lebenserwartung bringt uns mehrheitlich gute Jahre mit grauen Haaren und Falten, aber grundsätzlich gesunden Köpfen und Körpern. Es ist eine neue Lebensphase des jungen Alters, unfruchtbar, aber produktiv, für die wir ungenügende gesellschaftliche Strukturen haben. Bislang.

42. Eine enorme Chance

Der Arbeitsmarkt ist ein flexibler Mechanismus, der auf ganz unterschiedliche Arten beeinflusst werden kann. Die wichtigsten sind:

- Marktdynamik: Mit der Verbesserung oder Verschlechterung von Arbeitsbedingungen und Löhnen erhöht oder verringert sich die Attraktivität von Arbeit. Beispiel Pflege: Mindestens 300 000 ausgebildete Pflegekräfte würden nach eigenen Angaben in ihren Beruf zurückkehren, wenn sich dort die Verhältnisse änderten und sie mehr Geld bekämen.
- Gesetze: Ehegattensplitting, Altersteilzeit, Mindestlohn oder Steuerprogression können es mehr oder weniger interessant machen, zu arbeiten oder nicht zu arbeiten.
- Rente: Logischerweise hat die Veränderung des Renteneintrittsalters einen massiven Einfluss auf den Arbeitsmarkt.

Der viel beschworene Fachkräftemangel ist kein Schicksalsschlag, sondern das Ergebnis von Entscheidungen in Wirtschaft und Politik. Würden sich die Umstände ändern, wären vermutlich mehr Menschen bereit zu arbeiten. Es ist nicht zuletzt eine Frage des Preises: Steigende Löhne dürften zumindest in einigen Branchen zu steigender Nachfrage führen. Das Potential dafür wäre vorhanden:

Gemeldete offene Stellen im Juli 2024: 703 119
Gemeldete Arbeitslose im Juli 2024: 2 809 000

Dass sich Unternehmen um Arbeitskräfte bemühen müssen, ist eine enorme Chance. Es kann zu mehr Wertschätzung gegenüber Mitarbeitenden, mehr Ausbildung, mehr

Innovation und höheren Löhnen führen. Und da die in Deutschland höher besteuert werden als Kapitalgewinne, könnten sogar die Steuereinnahmen steigen.

43. Die Abschaffung der «Spüler*in»

Was alles geht, zeigt eine extrem unattraktive Branche: die Gastronomie. Niedrige Löhne, schlechte Arbeitszeiten, Stress – kein Wunder, dass nach Corona viele Leute nicht mehr in die Küchen und Gasträume zurückkehren wollten. Seitdem kämpfen die Gastronomen mit Arbeitskräftemangel – und lassen sich was einfallen. Billy Wagner, Betreiber des Berliner Sterne-Restaurants Nobelhart & Schmutzig, schrieb Ende Februar 2024 auf der Website seines Lokals:

«Über die letzten Jahre haben wir uns konsequent weiterentwickelt und uns für das eingesetzt, was wir als ‹wertezentrierte Gastronomie› bezeichnen. Neben unserem Engagement für eine bessere Agrarpolitik und die Produzent*innen in Berlin-Brandenburg sowie gegen die Diffamierung des Ostens haben wir bessere Arbeitsbedingungen geschaffen. Wir arbeiten im Rotationssystem mit einer 4-Tage-Woche, welches zudem so aufgebaut ist, dass die Position des*der Spüler*in abgeschafft wurde. Gemeinsam mit unserem Team haben wir einen Guide of Conduct erarbeitet, der Klarheit und Verbindlichkeit zu unseren Werten in der täglichen Zusammenarbeit schafft.»

Wenn das geht, ist in allen Branchen Luft nach oben. Aber so respektabel einige Einzellösungen auch sein mögen: Das Problem ist zu groß, um es allein einfallsreichen Machern zu überlassen. Es muss sich auch grundsätzlich etwas ändern.

44. Eine neue Altersgruppe

Ältere Menschen, denen es gesundheitlich gut geht, können und wollen vermutlich auch in vielen Fällen länger arbeiten – mittelfristig könnte die Arbeitszeit für so manche mit 80 enden. Was weitreichende Folgen hätte.

Wenn wir uns eine neue Altersgruppe zwischen 50 und 80 vorstellen, also nach den Kindern und vor dem Ruhestand, sieht die Demografie-Tabelle so aus:

	<20	20–49	50–79	80+	Anzahl Menschen
1950	30 %	42 %	26 %	1 %	69,3 Mio
2000	21 %	43 %	32 %	4 %	82,3 Mio
2024	**19 %**	**36 %**	**37 %**	**7 %**	**84,0 Mio**
2050	18 %	34 %	37 %	12 %	79,4 Mio

Der Anteil der arbeitsfähigen Menschen wäre deutlich höher. Sodass es auch kein Problem wäre, wenn einige weniger arbeiten würden: junge Menschen, die etwas erleben wollen, Mittelalte, die Zeit für ihre Kinder brauchen, oder

Ältere, die weniger hart schuften wollen. Denn würden mehr Menschen arbeiten, müssten alle weniger schaffen.

45. Alle arbeiten immer ein bisschen

Bereits 2006 errechneten James W. Vaupel und Elke Loichinger vom Max-Planck-Institut in Rostock, was passieren würde, wenn alle arbeitsfähigen Menschen tatsächlich arbeiteten. In einem Text in «Science» skizzierten sie die «Redistribution of Work», die Umverteilung der Arbeit:

«Wenn Teilzeitarbeit für Menschen zwischen 50 und 60 normal wäre, hätten auch jüngere Leute größere Chance auf Teilzeit. (...) Würden Menschen in ihren Sechzigern und frühen Siebzigern deutlich mehr arbeiten als heute, wäre eine gleichmäßige Verteilung der Arbeit auf alle von 20 bis 64 in einer 25-Stunden-Woche möglich.»

Auch hier gilt: Das wäre der Durchschnitt. Einige Leute könnten 40 Stunden arbeiten, die meisten kämen auf 20 bis 30 Stunden, manche wären nur 10 Stunden tätig. Unabhängig vom Alter versteht sich, dafür passend zur Lebensphase. Es wäre ein flexibles System, das sich vielen Bedürfnissen anpassen könnte – auch der Wirtschaft. Stets nach dem Prinzip: Alle arbeiten immer ein bisschen.

Während der Recherche für dieses Buch haben wir von Arbeitsmedizinern, Psychologen und vielen anderen immer wieder dasselbe gehört: Arbeit ist gut – wenn sie nicht zu viel wird. Sie besser zu verteilen würde allen helfen: Familien mit kleinen Kindern wären entlastet, Ältere nicht mehr so früh ausgebrannt, Jüngere bekämen mehr Verantwortung. Und das wäre nur der Anfang. Eine andere Verteilung von Arbeit hat ein großes Potential, unsere Leben zu verbessern. Und für all das gibt es bereits gut durchdachte Lösungen, die sozial und ökonomisch vertretbar wären.

Das ist unrealistisch? Zumindest ist es ein sehr großes Projekt. Das nur dann eine Chance hat, wenn Politik und Unternehmen, Gewerkschaften, Versicherungen und die vielen Verbände an einem Strang ziehen. Wenn alle verstehen: Es ist möglich. Und sinnvoll. Weil uns eine neue Arbeitswelt gleichzeitig mehr Freiheit und mehr Sicherheit gibt.

46. Ich war es nicht!

Doch wie kommen wir in eine neue Welt, obwohl es immer mehr Alte gibt, die angeblich alles blockieren? Das ist ein hartnäckiges Klischee, das ein Fridays-for-Future-Slogan auf den Punkt bringt: «Wir sind hier, wir sind laut, weil ihr uns die Zukunft klaut.» Klar, wer «ihr» ist bei einer Bewegung, die mit Schulstreiks begann. Das passt zu dem weitverbreiteten Gefühl, das wir immer wieder von Jüngeren gehört haben: dass «ihre» Zukunft von der älteren Generation verheizt wird. Das ist einerseits verständlich, denn es passiert wenig, obwohl sich die Probleme türmen.

Nur: Würde sich die Welt dramatisch verändern, kämen plötzlich die Jungen an die Macht? Es ist zu bezweifeln. Die Verantwortung für den Stillstand tragen vor allem Gewohnheiten und Beharrungskräfte, die viel besser verteilt sind als die Arbeit: auf etliche Institutionen, die vom Status

Wenn eine Altersgruppe eine andere für einen tatsächlichen oder vermuteten Niedergang verantwortlich macht, ist das Othering.

Quo leben, sowie unzählige Einzelne, die keine Lust haben, ihren Alltag zu verändern oder ihre Privilegien zu verlieren. Und das sind altersübergreifende Phänomene.

Wenn eine Altersgruppe eine andere für einen tatsächlichen oder vermuteten Niedergang verantwortlich macht, ist das Othering: Die Schuld wird einer Gruppe gegeben, der sich die Beschuldiger nicht zugehörig fühlen. Das ist nicht nur erbärmlich, sondern verbaut auch den Blick für die Situation. Und auf das, was eigentlich gerade fällig wäre.

47. Party!

Wir leben im Schnitt 25 Jahre länger als vor hundert Jahren und veranstalten kein gigantisches Volksfest? Keine Musik, kein Tanz, kein Feuerwerk begrüßen die wachsende Lebenserwartung? Stattdessen sehen wir die Demografie als Damoklesschwert? Unsere Vorfahren, die den Boden für unsere äußerst erfreuliche Situation bereitet haben, wären wohl mehr als nur ein wenig enttäuscht.

Nein, so geht es nicht. Ein Motto des Autorenduos, das dieses Buch geschrieben hat, lautet: Weniger reden, mehr tanzen. Und bevor wir das erklären: Probiert es einfach aus. Hier ist ein Link zu einer Playlist mit Musik aus vielen Jahrzehnten, die wir für tanzbar halten.

Lasst uns den Fortschritt feiern!

https://no-age.fun/playlist

Die Unternehmen

48.

Vielleicht ist es auch so: Du arbeitest. Gerne. Obwohl du manchmal behandelt wirst wie einst im Kindergarten. Aber es ist schön, zu lernen. Was sich mit der Zeit auch auszahlt, du wirst richtig gut in deinem Job. Und arbeitest. Gerne. Okay, vielleicht nicht immer, einige Routinen langweilen dich mit der Zeit. Aber zum Glück steigst du auf, bekommst mehr Geld und hast mehr zu entscheiden. Im Rahmen dessen, was die Leute über dir vorgeben. Die es nicht immer besser wissen. Aber das ist irgendwann egal, weil dein Arbeitsleben ohnehin bald endet. Zum Glück, denn die Tage kommen dir immer länger vor und du bist oft müde. Außer du hast eine wirklich interessante Aufgabe. Dann arbeitest du. Gerne. Wie früher. Eigentlich komisch. Wie konnte dir bloß der Spaß an der Arbeit verloren gehen?

49. Willkommen in Ambivalencia

Auf dem Weg zu einem besseren Umgang mit Alter sind die Unternehmen zugleich Treiber und Bremser. Einerseits arbeiten viele Organisationen ernsthaft am Generationenmanagement, und das nicht nur, weil es schwierig geworden ist, Nachwuchs zu finden. Sie haben auch gelernt, dass sich die Stärken älterer und jüngerer Menschen häufig ergänzen, dass ein Austausch zwischen unterschiedlichen Erfahrungshorizonten für eine Balance zwischen Innovation und Stabilität sorgen kann, und zudem unterschiedliche Altersgruppen unterschiedliche Märkte verstehen.

Andererseits neigen alle Organisationen zu einer gewissen Trägheit: Stillstand ist einfach, Veränderung hingegen birgt immer ein Risiko. Außerdem muss sie zumindest anfangs gegen Partikularinteressen und Beharrungskräfte durchgesetzt werden, selbst wenn es um allgemein anerkannte Verbesserungen geht. Veränderung braucht also Ressourcen. Und die sind bekanntlich begrenzt.

Hinzu kommt eine weitverbreitete Neigung zur Kurzsichtigkeit, die durch die Dynamik auf den Kapitalmärkten verstärkt wird: Kurzfristige Investitionen in Projekte, die sich positiv auf den nächsten Jahresabschluss oder den Aktienkurs auswirken, sind immer gerne gesehen. Der Return on Investment eines besseren Umgangs mit Alter dagegen ist zwar potentiell groß, wird sich aber nicht innerhalb kürzester Zeit manifestieren. Hinzu kommt, dass auch Manager Menschen mit Vorurteilen sind, die erst mal aus dem Weg geräumt werden müssen.

Das alles führt dazu, dass Unternehmen Altersdiskriminierungen reproduzieren, obwohl sie zugleich versuchen, sie zu überwinden. Zu den Klassikern gehören:

- Altersdiskriminierende Stellenausschreibungen: «Junges, dynamisches Team sucht …» In vielen Unternehmen entfernen inzwischen Juristen solche Formulierungen, um Klagen und Schadensersatzforderungen vorzubeugen – die Bevorzugung von Altersgruppen verstößt seit 2006 gegen das Allgemeine Gleichbehandlungsgesetz. Es muss sich aber ohnehin jede Firma fragen, ob sie über ihre Leute nichts anderes zu sagen hat als: jung.

- Altersgrenzen bei der Einstellung: Bei einer Umfrage der Vermittlungsplattform Indeed unter Personalverantwortlichen gaben im Jahr 2022 28 Prozent an, ab 60 sei bei ihnen Schluss, weitere 20 Prozent zogen die Grenze bereits bei 55, acht Prozent sogar bei 45. Einige fanden Bewerber mit 35 schon zu alt. Es war natürlich eine anonyme Umfrage, denn solche Altersgrenzen sind ebenfalls illegal.
- Niedrige Gehälter für junge Mitarbeitende: weil die noch viel lernen müssen. Was besonders für Praktikantinnen gilt. Die dann das gesamte Social Media erledigen. Eigenverantwortlich. Weil es sonst keiner kann. Ein Grund, warum junge Erwachsene in Deutschland das höchste Armutsrisiko aller Altersgruppen haben.
- Zu wenig lebenslanges Lernen: Je älter die Menschen, umso seltener die betrieblichen Weiterbildungen.
- Schluss mit 65: Die meisten Firmen werfen ihre Mitarbeitenden pünktlich zum Renteneintrittsalter raus. Sie kommen gar nicht auf die Idee, über die Möglichkeit einer Weiterbeschäftigung zu sprechen. Weil: Haben wir schon immer so gemacht.

All dies lässt sich nicht so leicht ändern, denn es sind nur Symptome für tiefer liegende Probleme.

50. Vermittlungswahrscheinlichkeit 14 Prozent

Ein großer Widerspruch im Miteinander unterschiedlicher Altersgruppen in Unternehmen zeigt sich in der Stellung von Älteren. Auf der einen Seite scheinen graue Haare fast eine zwingende Bedingung zu sein, um einen Sitz im Vorstand eines deutschen Unternehmens zu ergattern. Auf der anderen Seite sind graue Haare das wohl größte Hindernis, um einen Job weiter unten in der Hierarchie zu finden.

Das Institut für Arbeitsmarkt und Berufsforschung (IAB) der Bundesagentur für Arbeit hat 2018 die Wahrscheinlichkeit errechnet, mit der eine Person, die nach mindestens zwei Jahren durchgehender Tätigkeit arbeitslos wird, in den folgenden zwei Jahren wieder einen Job findet. Bei den 47- bis 49-Jährigen lag sie bei 80 Prozent, bei den 58- bis 60-Jährigen bei knapp 30 Prozent, bei den 61- bis 62-Jährigen bei 14 Prozent.

Auf der Suche nach den Gründen befragten die Forschenden die Vermittlungsfachkräfte in den Agenturen für Arbeit. Die erklärten, dass Menschen ab 55 auf dem Arbeitsmarkt mehr Schwierigkeiten haben, weil «spezifische Vermittlungshemmnisse» die Suche nach neuen Stellen erschwerten: gesundheitliche Probleme, fehlende EDV-Kenntnisse, eingeschränkte Mobilität, mangelnde Fremdsprachenkenntnisse, fehlende Motivation zur Weiterbildung, veraltete berufliche Qualifikationen. Vor allem bei

Männern kamen zu hohe Lohnansprüche hinzu, vor allem bei Frauen Einschränkungen durch familiäre Verpflichtungen, etwa die Betreuung und Pflege von Angehörigen. Also selbst schuld?

51. Automatisierte Sonntagsarbeit

Bevor die Personalverantwortlichen erleichtert aufatmen – wir waren es nicht –, geben wir das Wort an Rainer, 60 Jahre alt, Mitarbeiter im Marketing, dem schon mit 42 bei der Agentur für Arbeit gesagt wurde, dass es für seine Altersgruppe keine Jobs gebe. Als wir mit ihm sprachen, suchte er gerade eine neue Stelle.

Rainer sagt: «Von Arbeitgebern, die bei Bewerbungen auf ihrer Website das Geburtsdatum abfragen, bekomme ich entweder nie eine Antwort oder sehr schnell, nach wenigen Stunden. Einen Standardbrief natürlich. Auf eine Bewerbung, die ich sonntags geschickt habe, bekam ich am selben Tag eine Antwort, mit Unterschrift. Am Sonntag! Ich denke, die war automatisiert.»

Vorurteile funktionieren automatisch, und so ist eine automatisierte Antwort nur ihre logische Konsequenz. Bei der Agentur für Arbeit wird sich darüber niemand wundern. In der Studie der IAB erklärten 70 Prozent der befragten Vermittler, dass eine wichtige Ursache für die Situation älterer Arbeitsloser «Vorbehalte jeglicher Art bei Unternehmen gegenüber Älteren» seien. Also zurück zur Personalabteilung.

52. Echte Probleme

Es gibt Bedenken bei der Einstellung älterer Menschen, die sich auch bei genauer Betrachtung nicht in Luft auflösen. Mangelnde IT- oder Fremdsprachenkenntnisse sind genauso echte Probleme wie berufliche Qualifikationen, die nicht auf dem aktuellen Stand sind. Doch wer solche Defizite bei Jüngeren mit Weiterbildungsmaßnahmen angeht, kann das bei Älteren ebenso tun – die Lernfähigkeit ist, wie gesagt, altersunabhängig und sehr individuell.

Das Ausfallrisiko ist bei genauerem Hinsehen ausgeglichen: Statistisch gesehen melden sich Jüngere häufiger krank als Ältere, die dafür aber länger ausfallen und insgesamt mehr Krankheitstage haben. Andererseits bekommen sie keine Kinder mehr und brauchen keine lange Elternzeit.

Ein weiteres echtes Problem ist, dass das Renteneintrittsalter von den meisten Beteiligten als unüberwindbarer Schlussstrich unter der Anstellung verstanden wird. Dadurch lohnt es sich nicht, Personen ab einem gewissen Alter einzustellen, denn kaum wären sie eingearbeitet, wären sie auch schon wieder weg. Doch niemand zwingt Unternehmen dazu, gute Mitarbeitende mit 65 einfach ziehen zu lassen – auch dieses Problem ist lösbar.

Ein weiteres Problem, das jedes Unternehmen kennt: Gute Mitarbeiter sind gefragt, und so besteht immer die Gefahr, dass sie gehen. Die Schlechten hingegen wirst du nur schwer los. Das gilt zwar unabhängig vom Alter, aber die meisten über 55-Jährigen im unteren Leistungsbereich ahnen, dass sie keine neue Stelle finden würden, sodass sie

Sehe ich Zahlen?
Oder sehe ich
Menschen? Probleme?
Oder Chancen?

auf keinen Fall freiwillig gehen, selbst wenn es offensichtlich nicht mehr passt. Damit steigt das Risiko, lange auf einem schlechten Mitarbeiter sitzen zu bleiben.

Doch die entscheidende Frage hinter allen Einwänden ist ohnehin eine andere: Lasse ich mich von ein paar statistischen Nachteilen abschrecken? Oder suche ich die besten Leute? Sehe ich Zahlen? Oder sehe ich Menschen? Probleme? Oder Chancen?

53. Verstopfte Aufstiegskanäle

Ein anderer Widerspruch im Miteinander unterschiedlicher Altersgruppen in Unternehmen ist die Stellung der Jüngeren. Einerseits gilt Jungsein in unserer Gesellschaft als Wert an sich – wer schon mal eine Person älter geschätzt hat, als sie war, weiß, wovon die Rede ist.

Auf der anderen Seite sind junge Menschen zwar sexy – aber leider arm. Während der Wohlstand global seit Jahren stetig steigt, haben in den Industrieländern junge Menschen zunehmend das Gefühl, finanziell schlechter gestellt zu sein als ihre Eltern. Zudem dominieren zwar in den Medien jüngere Gesichter, aber zumindest in der westlichen Welt sind die Jungen zunehmend eine Minderheit, die sich wenig repräsentiert fühlt.

All das spiegelt sich im Arbeitsleben: Junge Leute werden gerne angestellt, aber zu Gehältern, von denen sie gerade so eben leben können – unter anderem auch, weil sie keine Wohnung besitzen. Sie dürfen beim Firmen-Fotoshooting vorne stehen, haben aber im Alltag eine Wand aus älteren Mitarbeitenden zwischen sich und den Möglichkeiten, tatsächlich etwas zu gestalten. Und sie müssen sich trotz umfassender und hochaktueller Kenntnisse Jahre abstrampeln, bevor sie Verantwortung bekommen. In der Soziologie hieß das früher: verstopfte Aufstiegskanäle.

54. Verhätschelt, respektlos, Anfänger

Der Begriff Youngism, der die Diskriminierung von Jüngeren bezeichnet, ist noch recht neu, und die Forschungslage ist entsprechend dünn. Doch es gibt zumindest Ansätze. Michael S. North von der New Yorker Stern School of Business hat als Gründungsdirektor eines internationalen Forschungsnetzwerks zu Themen rund um intergenerationelle Arbeitsplätze 2021 die Vorurteile gegenüber jungen Menschen untersucht. Er stellte fest, dass ältere Studienteilnehmer besonders kühl gegenüber Jüngeren agierten, während jüngere Studienteilnehmer allen Altersgruppen gegenüber die gleichen Sympathien entgegenbrachten.

Zudem zeigte sich, dass junge Menschen tendenziell als undankbar und schwierig angesehen werden. Das weitverbreitete Bild der jüngeren Generation in Kurzform: «Eine übermäßig geschützte Gruppe (verhätschelt) am unteren Ende der Hierarchie (Anfänger), die unangemessen ältere Generationen (respektlos), geschätzte Normen und etablierte Autorität herausfordert (radikal progressiv).»

Und schließlich: Früher waren junge Leute besser als heute. Übrigens genau wie das Wetter. Oder Fußball. Und erst das Fernsehen!

Warum das nichts mit Generationen zu tun hat, hat der Soziologe Martin Schröder von der Universität des Saarlandes mit einer äußerst umfangreichen Datenanalyse gezeigt. Er stellte dabei fest, dass Menschen ihre Einstellung zur Arbeit im Laufe ihres Lebens ändern: Sind sie jung, ist ihnen Arbeit nicht so wichtig, was sich aber mit der Zeit ändert. Erst ab 70 nimmt die Bedeutung der Arbeit wieder ab. Sein schlichtes Fazit: «Wenn heute der 40-Jährige sagt, der 20-Jährige hat gar keine Lust zu arbeiten, dann ist das eine richtige Beschreibung. Nur ist es kein Generationeneffekt, es ist ein Alterseffekt.»

Womit wir die Debatte über die Besonderheiten von Generationen wie Boomer, Millennials oder Generation Alpha abhaken können. Wer über die faule oder verwöhnte Generation Z spricht, betreibt falsche Zuschreibung. Das ist versteckte Altersdiskriminierung.

55. Werkzeuge der Aufklärung

Vorurteile gegenüber allen, die nicht gerade im mittleren Alter sind, sind weitverbreitet. Aber die Arbeit an ihrer Überwindung nimmt zumindest im Arbeitsleben an Fahrt auf. Mittlerweile existieren etliche Methoden und Tools, die simpel und trotzdem erstaunlich nützlich sind:

- Arbeitsplatzanpassung: Für alle Betriebe, die nicht hauptsächlich Büroarbeit leisten, ist oft der erste Schritt, Arbeitsplätze und Schichtpläne altersgerecht zu gestalten.

- Aufklärung und Sensibilisierung: Fakten, Vorbilder und Geschichten helfen gegen Stereotype. Inzwischen gibt es zum Thema viele Netzwerke, Vorträge und Bücher.
- Schulungen: Besonders Recruiterinnen und Personaler können sich dort vertieft mit Altersdiskriminierung befassen.
- Mentoring und Reverse Mentoring: Unterstützung jüngerer Mitarbeitender durch ältere Angestellte ist ein Klassiker, die umgekehrte Version kann anfangs bei technischen Problemen hilfreich sein, aber am Ende führt beides oft zu besserer Kooperation (siehe Kapitel 32).
- Altersdiverse Teams: Altersdiversität sorgt für unterschiedliche Perspektiven und bessere Ergebnisse, gleichzeitig werden Vorurteile von der Realität entkräftet.
- Job Crafting: Die selbstbestimmte, individuelle Gestaltung der eigenen Arbeit erfordert Engagement und Selbstständigkeit, schafft aber viel Raum für individuelle, auch altersspezifische Leistungen.
- Shadow Board: Eine Gruppe junger oder anders diverser Mitarbeitender im direkten Kontakt mit dem Management wird bei größeren Entscheidungen nach ihrer Meinung und Perspektive befragt.
- Anlaufstellen für Betroffene: niedrigschwellige und unabhängige Angebote für Opfer von Diskriminierung.

Zu dieser Liste kommt laufend Neues hinzu, der Bedarf ist groß. Am Ende sind das meiste nur Hilfsmittel, um Menschen zu zeigen, dass unterschiedliche Altersgruppen gemeinsam weiterkommen. Was eigentlich nicht so schwierig sein sollte. Nur dass es leider eine strukturelle Eigenheit gibt, die ununterbrochen dagegen arbeitet. Und die so tief in traditionellen Unternehmen und unserem Denken verwurzelt ist, dass wir sie fast nie hinterfragen.

56. Zweifel säen

Traditionelle Hierarchien. Fast alle Organisationen sind hierarchisch aufgebaut, vom Staat und den Kirchen bis zum winzigen Handwerksbetrieb im Hinterhof. Das hat Vor- und Nachteile, von Klarheit auf der Habenseite bis zu potentieller Willkür auf der Sollseite, aber eines versprechen fast alle Hierarchien: Du kannst aufsteigen – Karriere machen. Das ist die Basis von Wettbewerb und Konkurrenz, die angeblich Organisationen voranbringt, da sich so theoretisch alle bemühen, ihr Bestes zu geben.

In der Praxis ist Leistung allerdings bekanntlich nur eine von vielen Möglichkeiten aufzusteigen. Eine andere ist das Niedermachen der Konkurrenz. Zum Beispiel über das Alter: *«In seinem Alter dauert es nun mal ein bisschen länger.»* Oder: *«So direkt von der Uni fehlt eben doch die Erfahrung.»* Und so weiter. Denn im Wettbewerb geht es nicht nur um eigene Stärken, sondern auch um die Betonung vermeintlicher Schwächen der anderen – und jedes Alter kann, wie gesagt, mit Vorurteilen beladen werden.

Das führt zur Reproduktion von Klischees und zur Bestärkung des weitverbreiteten Glaubens, es gebe für bestimmte Rollen in Unternehmen ein richtiges Alter. Was spätestens dann sichtbar wird, wenn junge Leute Führungsposten bekommen und sich langjährige Mitarbeiter zurückgesetzt fühlen. Oder sich ältere Stellensuchende für Jobs ohne Führungsverantwortung bewerben und abgelehnt werden, weil sie angeblich überqualifiziert seien.

Für eine Kultur der Altersdiversität ist ein System, das die Reproduktion von Klischees potentiell belohnt, natürlich denkbar ungeeignet. Und es gibt noch ein weiteres Problem mit Hierarchien.

57. Künstliche Verknappung

Hierarchie führt zur künstlichen Verknappung einer essentiellen Ressource: Entscheidungen – in traditionell hierarchischen Systemen darf nur die Führung entscheiden. Doch dafür ist die Realität viel zu komplex: Um Ziele zu erreichen, müssen viele Menschen in unterschiedlichen Bereichen gleichzeitig völlig unterschiedliche Dinge entscheiden. Hier zeigt sich Altersdiversität als besonders wertvoll: In komplexen Systemen werden verschiedene Altersgruppen mit verschiedenen Qualitäten früher oder später alle gebraucht. Doch in der Hierarchie sind die Entscheidungsmöglichkeiten begrenzt – die Kraft der Altersdiversität kann sich nicht voll entfalten.

An diesem Punkt könnten wir an Führungskräfte appellieren, Stärke zu beweisen und ihren Leuten eigenständige

Holokratie ist
wie gemacht für
altersbefreite
Lebensläufe und
transgenerationales
Arbeiten.

Entscheidungen zuzuraten – was die Besseren wahrscheinlich ohnehin schon normal finden. Doch es gibt auch eine systemische Alternative.

58. Regeln statt Anweisungen

Holokratie. Eine Form der Selbstorganisation, die allein auf Regeln beruht. Die Unternehmen sind in Teams organisiert mit klar definierten Aufgaben. Jede Person hat eine ebenso klar definierte Rolle. Zudem gibt es ein verbindliches Regelwerk für alle, das bei Konflikten oder zur Weiterentwicklung herangezogen werden kann – das geschieht über einen sogenannten Governance Process, der jeder Person die Möglichkeit gibt, die Organisation zu verbessern.

Mittlerweile gibt es einige Tausend Firmen weltweit, die so funktionieren und auch für knifflige Fragen Antworten gefunden haben: Wer verdient wie viel? Wie wird das Budget kontrolliert? Wie werden Entlassungen entschieden?

Mit den Rollen, die stetig weiterentwickelt werden, geht die Eigenverantwortung für die jeweilige Aufgabe einher, sodass alle Mitarbeitenden jederzeit so handeln können, wie sie es für richtig halten. Womit jedoch nicht die Hierarchie abgeschafft ist. Der Schweizer Taschenhersteller Freitag, seit 2016 holokratisch organisiert, beschreibt es auf der Website so: «Holacracy ist stark hierarchisch, aber konsequent aus fachlichen Rollen heraus. Die Hierarchie ist also über das ganze Unternehmen verteilt.»

Holokratie ist wie gemacht für altersbefreite Lebensläufe und transgenerationales Arbeiten. Zu ihren Stärken gehört:

- Dynamische Rollen erlauben stetiges Wachstum und Entwicklung – für alle, immer.
- Der große Gestaltungsfreiraum und die wechselnde Kombination von Verantwortung, komplexen Aufgaben, Führung und Management ersetzen die klassische Karriere durch individuelle Erwerbsbiografien, in denen es viel mehr als nur einen Weg gibt.
- Die Entkopplung von Rolle und Gehalt macht es einfacher, Verantwortung auch wieder abzugeben.
- Ältere müssen für ihre Karriere Jüngere nicht kleinhalten oder damit klarkommen, dass Jüngere ihre Vorgesetzten sind.
- Die Trennung von Rolle und Person reduziert Klischees, weil sie den professionellen Umgang stärkt, der Fokus liegt auf sachlichen Fragen.

Holokratie oder verwandte Formen der Selbstorganisation haben ein sehr großes Potential, sind allerdings anspruchsvoll und komplex. Doch eines ist sicher:

59. Es lohnt sich

Der Siegeszug der Diversität in der Wirtschaft in den vergangenen Jahren basiert nicht alleine auf Protesten, akademischen Diskussionen, einer wachsenden Sehnsucht nach Gerechtigkeit oder dem Ende der Geduld vieler Menschen, sondern auch auf der Erkenntnis, dass in unserer schnellen, vernetzten, hochkomplexen und, ja, diversen Welt alte Unternehmensmodelle nicht mehr funktionieren. Die Monokultur der Männer in teuren Anzügen, die lange alles dachten, planten, besser wussten und entschieden, ist noch nicht ganz verschwunden, aber gegen die rasend schnell wachsende Vielfalt um sie herum wird sie nicht mehr lange bestehen.

Diversität ist ein kluger, sinnvoller und vernünftiger Umgang mit den vielfältigen aktuellen Herausforderungen. Das wurde schon oft untersucht und belegt: Diverse Unternehmen funktionieren besser. Und das gilt auch in Sachen Alter. Die Mühe lohnt sich also. Auch finanziell.

60. Gespräche 4: Alle freiwillig an Bord

Senior Experts ist ein Subunternehmen von Thyssenkrupp, das verrentete Mitarbeitende beschäftigt. Es wird seit 2017 von Peter Dollhausen und unserem Gesprächspartner Marc Münstermann geführt, der zuvor im HR-Bereich von Thyssenkrupp tätig war.

2016 hat unser damaliger Chief Human Resources Officer Oliver Burkhard uns beauftragt, eine Idee zu entwickeln, um Pensionäre und ihr Know-how für das Unternehmen länger verfügbar zu halten. Wir haben daraufhin einen rechtlichen Rahmen geschaffen, um ehemalige Mitarbeiter projektbezogen weiterbeschäftigen zu können.

Früher wurden Ex-Mitarbeiter über freie Beratungstätigkeiten beschäftigt, aber das passt vor allem rechtlich nicht mehr, denn Senior Experts werden für ihre Projekte meist voll ins Unternehmen eingebunden und sollen sich ihm auch zugehörig fühlen. Außerdem wollen Menschen, die immer angestellt waren, im Ruhestand nicht unbedingt noch den administrativen Aufwand einer Selbstständigkeit auf sich nehmen. Die Verlängerung des laufenden Arbeitsvertrages, also die Weiterbeschäftigung als normale Angestellte, verringert dagegen die Flexibilität auf allen Seiten. Deshalb stellen wir die Leute bei uns an und schließen mit dem Konzern parallel einen Einzelüberlassungsvertrag. So haben alle den richtigen Spielraum.

Wir haben aktuell 95 Leute unter Vertrag und mehr als 300 in unserem Expertenpool. Einige arbeiten nur ein paar Stunden im Monat, andere Vollzeit. Der durchschnittliche Senior Expert arbeitet zwei bis drei Tage die Woche. Die Leute machen gerne weiter, tun aber in der Regel auch gerne weniger – sie wollen mehr Freizeit und Freiheit in der Zeiteinteilung. Das schaffen wir über eine Stundensatzregelung. Senior Experts können jederzeit sagen: «An dem Tag habe ich die Enkel, da kann ich nicht arbeiten.» Bei uns wartet keiner vorm Computer auf eine E-Mail, die beantwortet werden muss.

Die meisten sind zwischen 65 und 75. Es war auch schon einer mit 82 am Start, aber das ist die Ausnahme. Ich erlebe auch immer wieder, dass sich Leute nach der Übergabe ihres Erfahrungswissens sehr zufrieden zurückziehen. Sie bekommen, was sie sich wünschen: gebraucht werden, wertgeschätzt sein und ihr Know-how weitergeben können.

Die Loyalität gegenüber dem Unternehmen ist sehr

hoch, auch weil man die Strukturen kennt und die Kollegen. Geld dagegen ist nicht so wichtig, das haben wir mal erfragt. Es spielt aber eine Rolle, weil es als Zeichen einer fairen Behandlung wahrgenommen wird. Eine unserer Maximen ist: gleicher Lohn für gleiche Arbeit. Wir zahlen den Leuten den Stundenlohn vor ihrer Pensionierung als Bruttolohn. Und weil sie nicht mehr in die Sozialkassen einzahlen, ist es netto sogar ein bisschen mehr. Der Arbeitgeber zahlt weiter in die Sozialkassen ein, was wir als einen Beitrag für die Gesellschaft sehen.

Wir gehen grundsätzlich nie in Konkurrenz zum ersten Arbeitsmarkt und verdrängen keine Arbeitsplätze, schon gar nicht in der Ausbildung. Das sind mehr als schöne Worte. Wenn ein Leiharbeitnehmer, also bei uns die Pensionäre, tätig wird, muss ohnehin der Betriebsrat gehört werden, und der sagt durchaus mal nein, obwohl er ein großer Befürworter des Konzepts ist.

Wir hatten schon alles im Einsatz, vom ehemaligen Vorstand bis zum ehemaligen Meister. Ich würde mir aber noch mehr Leute aus dem Produktions- und Handwerksbereich wünschen. Der Konzern hat großes Interesse daran. Wir brauchen Leute, die nach Jahrzehnten an den Maschinen ihr Wissen weitergeben oder bei Stillständen schnell behilflich sein können. Dafür muss unser Konzept intern aber noch mehr wahrgenommen werden. Erschwerend kommt hinzu, dass nach mehr als 45 Jahren in der Produktion der Körper irgendwann müde ist.

Doch wer bei uns weitermacht, ist gut dabei. Die Leute sind absolut leistungsfähig und nicht öfter krank als andere. Da gibt es leider Vorurteile, sogar bei uns im Unternehmen. Wir hatten einen Fall, wo der damalige Vorgesetzte beim ersten Gespräch meinte, er wisse nicht, ob das in dem Alter passt … Heute ist der Senior Expert seit vier Jahren dabei, und alle wollen die Zusammenarbeit immer wieder verlängern.

Ein wichtiger Vorteil der Pensionäre ist, dass sie kein Blatt vor den Mund nehmen. In großen Unternehmen besteht stets die Gefahr, dass die Leute nicht sagen, was sie denken, sondern das, was sie glauben, was andere hören wollen. Das passiert mit Senior Experts nicht. Bis hoch zur Vorstandsebene sagen sie, was sie meinen. Für die Meinungsbildung des Managements ist das extrem hilfreich.

Der Vorschlag

61.

Vielleicht ist es auch so: Du wartest an der Haustür frisch umgezogen und genau im Zeitplan auf deinen verspäteten Mann. Du würdest dich ärgern, doch du hast keine Zeit, denn du liest gerade eine E-Mail: Du bist auf eine Konferenz eingeladen, zu der du immer wolltest. Du würdest dich freuen, doch in dem Moment erbricht deine Tochter ihr Mittagessen auf deine Schulter. Du würdest dich ärgern, doch dafür fehlt die Zeit. Als dein Mann kommt, trägst du deinen Herbstmantel, obwohl Winter ist, und das Kind liegt schreiend auf dem Sofa. Du würdest dich schämen, doch dafür fehlt die Zeit. Als du später frierend in der Bahn sitzt, nickst du kurz ein und träumst von deiner Mutter. Sie näht dir einen Knopf an und ruft dir von Weitem etwas zu. Du wachst auf und fragst dich, was sie gesagt hat: ‹Kind, du kannst nicht alles haben!›? Oder: ‹Kind, du kannst auch alles haben!›?

62. Neue Möglichkeiten

Um zu einem langfristigen, für alle passenden Weg zu kommen, müssen wir alles zusammen denken: die Menschen und ihre Potentiale, die demografische Entwicklung und die Vorurteile, den Arbeitsmarkt, die Unternehmen, die Kultur und die Institutionen. Eine der Ersten, die das Ausmaß zukünftiger Probleme und Potentiale sah, aber auch, wie alles zusammenhängt, war die Soziologin Matilda White Riley.

1968 begann sie mit der Erforschung des Alters. Da war sie 57 Jahre alt und noch keine Professorin. Riley war eine wissenschaftlich rigorose Frau. Während vieler Jahre unterrichtete sie an der Rutgers University einen zweisemestrigen Kurs über die Integration von Theorie und empirischen Methoden, worüber sie auch ein Lehrbuch publizierte. Sie war keine Frau für halbgare Theorien – sie schaute auf die Daten.

Und sah einen «strukturellen Rückstand»: Das Altern und die Lebenserwartung der Menschen hatte sich im Laufe des 20. Jahrhunderts drastisch verändert, doch die Gesellschaft fand keinen Weg, die damit einhergehenden Möglichkeiten zu nutzen. 1994 führte Riley ihre Erkenntnisse gemeinsam mit ihrem Mann in einem Konzept der «Idealtypen der Sozialstruktur» zusammen, das in nur eine Grafik passt. Sie nannten es: die altersintegrierte Gesellschaft.

63. Start (links) & Ziel (rechts)

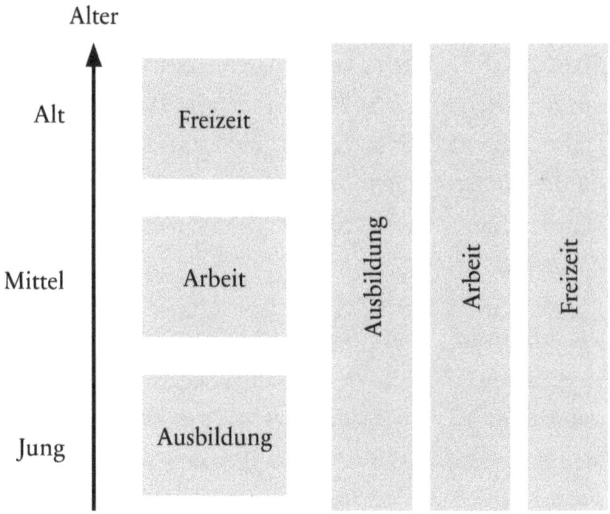

64. Die Vision

Die altersintegrierte Gesellschaft steht auf zwei Beinen: dem Abbau struktureller Altersbarrieren und der Zusammenführung von Menschen unterschiedlichen Alters. Sie sorgt dafür, «dass der Einzelne im Laufe seines langen Lebens die Möglichkeit hat, Phasen der Ausbildung, der Arbeit, der Familie, der Freizeit und andere Optionen miteinander zu verbinden.» In den so flexibler werdenden Lebensläufen würden alle Menschen automatisch mehr Menschen aus anderen Altersgruppen treffen, sodass eine positive Wechselwirkung entsteht: weniger Trennung der Altersgruppen und mehr Altersdiversität als wirksames Mittel gegen Vorurteile und Diskriminierung.

Doch dafür, fand Riley, müssten sich die Strukturen ändern, um endlich zur demografischen Entwicklung zu passen. Sie schrieb im Jahr 2000: «Heute ist klar, dass die wachsende Zahl älterer Menschen eine untragbare Belastung für die Jüngeren darstellen würde, es sei denn, die Altersintegration gibt den Älteren die Möglichkeit, einen Teil dieser Last zu tragen.»

Matilda Riley selbst entkam den vorgezeichneten Rollen ihres Alters und ihres Geschlechts immer wieder. Mit 20 veröffentlichte sie ein Buch über Segelfliegen, allerdings unter dem Namen Mat White, da die Verleger glaubten, niemand würde das Buch einer 20-jährigen Frau zu diesem Thema kaufen. Sie baute mit ihrem Vater eine eigene Firma auf, während sie zwei Kinder großzog. Und sie wurde mit 62 als erste Frau am Bowdoin College auf eine ordentliche Professur berufen.

Noch heute klingt das Konzept der 2004 verstorbenen Wissenschaftlerin utopisch. Aber ist es wirklich so unrealistisch?

65. Gespräche 5: Lasst es uns zusammenhängen!

Ursula Staudinger war Professorin für Psychologie und Sozialmedizin in Dresden, Bremen und New York sowie Gründungsdirektorin des Columbia Aging Centers an der Columbia University. Heute ist sie Rektorin der TU Dresden und Professorin für Interdisziplinäre Alternswissenschaft. Ihr Forschungsinter-

esse gilt insbesondere der Veränderbarkeit der Alternsprozesse und was das im Kontext des demografischen Wandels bedeutet.

Frau Staudinger, ganz oben auf Ihrer Website steht: «Die typische Aufteilung unseres Lebensverlaufs in Bildung, Arbeit und Ruhestand ist nicht mehr zeitgemäß.» Das sehen wir inzwischen genauso: Wir leben länger als unsere Eltern und Großeltern und halten trotzdem an dem klassisch strukturierten Lebenslauf einer Zeit fest, in der Menschen ihr Ruhestandsalter um vielleicht ein, zwei Jahre überlebt haben. Hinzu kommt, dass sich unsere Gesellschaft enorm schnell verändert, was eigentlich dazu führen müsste, dass die Menschen ihre Kompetenzen über das ganze Leben hinweg weiterentwickeln – aber das passiert nicht. Und dann entdeckten wir das Modell der altersintegrierten Gesellschaft nach Matilda Riley – das war für uns eine echte Erleuchtung. Glauben Sie auch, dass sich damit viele unserer Probleme lösen ließen?

Ja, auf jeden Fall. Wenn wir die drei heute hintereinander geschalteten Phasen – Bildung, Arbeit, Ruhestand – als Stränge betrachten, die nebeneinanderliegen und sich wie ein Zopf miteinander verflechten, verändert sich alles. Dafür braucht es aber passende Strukturen, zum Beispiel eine Finanzierung des lebensbegleitenden Lernens. Konzepte dazu gibt es seit den frühen 2000er Jahren, doch sie gingen beim Regierungswechsel von Gerhard Schröder auf Angela Merkel 2005 verloren. Seither ist die Politik da sehr zaghaft. Dabei wäre es essentiell, Personen zu vermitteln, dass sie sich lebenslanges Lernen leisten können.

Was waren die Erkenntnisse in den frühen 2000er Jahren?

Vor allem, dass es fürs lebenslange Lernen drei Säulen der Finanzierung braucht: eine öffentliche, eine von den Arbeitgebern und eine individuelle. In unserer Gesellschaft des immer länger werdenden Lebens müssen alle neu über die Prioritätensetzung bei der Verwendung des eigenen Geldes nachdenken. Es geht nicht mehr nur darum, ein Haus zu bauen, sondern auch um die Frage, wie sich Menschen in einem länger gewordenen Leben körperlich und geistig gesund halten und ihre Fähigkeiten und Kompetenzen erhalten und erweitern. Wir können das aber nicht alleine dem Individuum überlassen. Wir müssen dafür als Gesellschaft Strukturen schaffen, die es jeder Person, egal auf welcher Bildungsebene, ermöglichen, sich geistig und körperlich fit zu halten.

Weiterbildung und lebenslanges Lernen sind gut, aber wir denken, dass Menschen auch die Möglichkeit haben sollten, in der Lebensmitte eine weitere Ausbildung zu machen und einen neuen Beruf zu ergreifen, dass also zum Beispiel eine Ärztin mit 50 Kindergärtnerin werden kann. Oder umgekehrt.

Absolut richtig. Vor der Migrationswelle 2015, als der Fachkräftemangel groß war, haben Firmen auch in diese Richtung gearbeitet. Die Deutsche Telekom hat beispielsweise unter dem Personalvorstand Thomas Sattelberger eine große Kampagne gefahren, um Lehrlinge mit 50 zu rekrutieren. Das war sehr zukunftsorientiert. Und in genau diese

Richtung müssen wir denken und aktiv werden. Es geht darum, in jedem Lebensalter unterschiedliche berufliche Bildungsphasen durchlaufen zu können.

Es gibt da aus unserer Sicht nur einen Haken: Damit Leute so lange arbeiten können, müssten sie eigentlich in der Zeit zwischen 30 und 50, wenn sie gleichzeitig Kinder aufziehen und arbeiten, viel mehr entlastet werden. Diese Zeit ist so stressig, dass es nicht sonderlich überrascht, wenn sie danach nur noch ihre Ruhe haben wollen.

Ja, das stimmt. Wir haben mit der Nationalen Akademie der Wissenschaften unter dem Titel «Zukunft mit Kindern» schon Empfehlungen für eine Entdichtung der mittleren Lebensphase formuliert. Da gibt es viele Möglichkeiten, zum Beispiel Arbeitszeitkonten. Es würde auch helfen, wenn Teilzeitarbeit nicht mehr als Karrierehemmnis betrachtet würde. Außerdem sollten die bestehenden Familienzeitmodelle erweitert und finanziell sowie rechtlich gut abgesichert werden.

Lebensarbeitszeitkonten können dabei helfen, dass Mitarbeiter ihre Arbeitszeit über die Jahre flexibler gestalten können. Funktioniert das?

Es gibt immer mehr Menschen, die Überstunden ansparen oder bei einem Teilzeitpensum systematisch mehr arbeiten, um irgendwann ein Sabbatical machen zu können. Oft wird das getan, um aus der Erschöpfung und dem Alltagstrott auszubrechen, was schon mal gut ist. Es wäre aber auch gut, wenn so eine Zeit auch zur Weiterentwicklung der persönlichen Fertigkeiten verwendet würde. Das passiert noch zu wenig.

Wir denken, dass die 30-Stunden-Woche ein Modell der Zukunft sein könnte. Wie sehen Sie das?

Ja, das könnte eine gute Möglichkeit sein. Und wenn die so gewonnene Zeit in Weiter- oder Umbildung investiert wird, wird volkswirtschaftlich sogar Gewinn erzielt. So können Bildungszeiten finanziert werden, ohne dass die Renten schrumpfen. Viele Menschen haben das Gefühl, jede Minute, in der sie nicht arbeiten, bringt sie näher an die Altersarmut. Es wäre gut, wenn sie wüssten, dass sie auch in dieser Zeit etwas für das Alter tun. Volkswirtschaftlich betrachtet ist das möglich, indem wir das Zeitfenster, in dem gearbeitet wird, erweitern.

Wir können uns auch vorstellen, dass den Leuten über die Jahre statt mehr Geld kürzere Arbeitszeiten bei gleichem Gehalt angeboten werden.

Ja, das ist auch eine Option. Es ist wichtig, auf dem Arbeitsmarkt mit unterschiedlichen Währungen der Vergütung zu arbeiten. Das kann neben Geld auch Zeit sein oder die Art und Flexibilität der Tätigkeit. Wir wissen aus Studien, dass Ältere gerne bereit wären, noch zu arbeiten, wenn sie sich die Zeit selbst einteilen könnten. Dafür braucht es aber eine fundamentale Transformation der Arbeitsorganisation in den Firmen. Sie müssen verstehen, dass Mitarbeiter:innen vor allem unter den aktuellen Bedingungen nicht länger arbeiten wollen. Es ist kein Wunder, dass sich Menschen, die 30 oder 40 Jahre lang zu viel gearbeitet haben, so schnell wie möglich davon befreien wollen. Untersuchungen zeigen aber auch, dass vielen Menschen, die sich im Ruhestand ein paar Jahre erholt haben, dann die Arbeit fehlt.

Was genau fehlt ihnen?

Die Arbeit bringt Struktur und gesellschaftliche Visibilität außerhalb der Familie. Wer aus der Arbeit geht, ist auf die Familie und den Freundeskreis zurückgeworfen. Für manche ist das genug, aber für viele eben nicht. Und für die ist der Arbeitsmarkt noch nicht bereit.

Wir brauchen also attraktivere Arbeitsbedingungen, um die Erwerbsarbeitszeit ausdehnen zu können, und eine längere Erwerbsarbeitszeit, um attraktive Arbeitsbedingungen zu finanzieren. Wie soll so eine Transformation möglich sein?

Eine Grundproblematik sind die vierjährigen Legislaturperioden in der Politik. Sie sind bei so komplexen Herausforderungen ein echter Hemmschuh. Solche Veränderungen brauchen Zeit und langen Atem bei der Umsetzung.

Was können Unternehmen schon heute tun, bevor sich das System wandelt?

Ohne eine stimmige Unternehmenskultur nützen alle Interventionen nichts. Die Bildwelt spielt eine enorme Rolle. Wenn ein Unternehmen in seiner Ikonografie implizit mitteilt, dass es bei ihm jung und peppig zugeht, ist das ein einseitiges Signal. Die interne Kommunikation ist wichtig und die Frage, wer in den Führungsnachwuchs geholt wird: Sind das immer nur 20- bis 30-Jährige oder auch 40- bis 50-Jährige, die ja noch 20 bis 30 Jahre arbeiten können?

Außerdem braucht es systematische Veränderungen im Personalmanagement: Wenn die Personalverantwortlichen nicht davon überzeugt sind, dass eine 50-jährige Person noch etwas lernen kann, wird sich nichts ändern. Doch die Stereotype darüber, was wir in verschiedenen Lebensaltern können oder nicht können, lassen sich nur langsam verändern.

Und schließlich braucht es eine neue Einstellungspraxis. Menschen sollten nicht mehr auf möglichst eng definierte Stellen eingestellt werden, wo in der Tätigkeitsbeschreibung genau steht, was die Person jeden Tag macht. Unternehmen sollten Menschen für sich gewinnen, die auf ihrer jeweiligen Qualifikationsebene bereit sind, sich für ihre Berufsbiografie mit diesem Unternehmen zu verbinden. Das ist eine völlig andere Philosophie. Dafür braucht es gute Bildungsangebote und Anreize für die Mitarbeitenden.

Zum Schluss noch ein anderes Thema. Sie haben herausgefunden, dass wir mit dem Alter nicht weiser werden. Endlich ein positives Stereotyp über ältere Menschen – und dann stimmt es nicht?

Ja, das ist so. Bis Ende der Zwanziger stellt unsere Gesellschaft sicher, dass die Menschen lebensfähig werden, indem bestimmte Fähigkeiten zur Lösung von Problemen im Alltag und im Beruf vermittelt werden. Doch danach sind wir erwachsen und unseres Glückes Schmied! Zudem befinden wir uns dann in einer Arbeitswelt, die uns mit zunehmendem Alter immer stärker in Nischen hinein spezialisiert. Das führt dazu, dass wir uns verengen und unsere gewachsene Erfahrung immer seltener mit Neuigkeiten und Widersprüchen konfrontiert wird – was dann eher zu Dogmatik als zu Weisheit führt.

Und wie geht es besser?

Ich werde weiser, wenn ich mich selbst immer wieder infrage stelle. Das ist unangenehm und anstrengend, weil ich vielleicht feststelle, dass meine gewonnenen Lebensweisheiten nicht mehr passen, weil sich bestimmte Rahmenbedingungen verändert haben. Wer mit zunehmendem Alter seine Neugierde und die Bereitschaft, sich auf Neues einzulassen, verliert, hat weniger Chance, seine Lebenserfahrung und Lebenseinsichten weiter zum Wachsen zu bringen. Wenn jedoch zum Beispiel der Beruf viel Abwechslung bringt oder die Person häufig umzieht und damit immer wieder neue Herausforderungen erlebt, kann mit mehr Jahren mehr Weisheit entstehen.

Das Leben

66.

Vielleicht ist es auch so: Du bist 20, und deine Lieblingsmusik ist die beste Musik aller Zeiten, also rennst du auf Konzerte, lädst obskure Demos von obskuren Websites und bist bei jedem Fan-Event dabei. Mit 40 bedeutet Konzert für dich Festival, am besten mit Kinderbetreuung, und Musik hörst du fast nur spätabends, wobei du regelmäßig einschläfst. Mit 60 liebst du es, im Internet neue Musik zu finden und siehst überall Konzerte, in kathedralenartigen Hallen, Kaschemmen mit Decken auf Kopfhöhe oder offenen Bars unter Palmen. Schließlich bist du 80 und hörst dir gerne an, was Jüngere dir vorspielen, richtig gut ist das zum Teil, aber deine Lieblingsmusik ist immer noch die beste Musik aller Zeiten. Nur manchmal fragst du dich: Wie wäre dein Leben wohl gewesen, wärst du ein Filmfreak?

67. Ja sagen lernen

Ja zu einem langen Leben.
  Ja zum Jungsein.
  Ja zum Altsein.
  Ja zur Ungleichheit.
  Ja zum Einzelfall.

Ja zu lebenslangem Lernen, ja zur Verantwortung für sich selbst, ja zur besseren Verteilung von Arbeit und Freizeit über das gesamte Leben, ja zur Weiterentwicklung, ja zu neuen Anfängen, ja zu diskriminierungsfreier Sprache, ja zu Herausforderungen, ja zur Vielfalt, ja zum Tanzen.

Wir müssen lernen, häufiger «Ja» zu sagen. Diskriminierung sagt Nein. Nein zu Jungen oder Alten, Nein zur Veränderung, zum Hinsehen, Ausprobieren, Besserwerden. Nein zum Leben. Sie steckt Menschen in Boxen und stapelt sie ordentlich sortiert im Keller.

Niemand gehört in diesen Keller.

68. Der Egalomat

Geben wir einige populäre Klischees über Altersgruppen in unseren Egalomaten, stellen wir sehr schnell ein eindeutiges Muster fest:

	Stimmt	*Ungewiss*	*Stimmt nicht*	*Relevant*	*Egal*
Junge wollen nicht arbeiten		x			x
Alte können nichts mehr lernen			x		x
Jungen fehlt Erfahrung	x				x
Kognitive Fähigkeiten nehmen mit dem Alter ab		x			x
Junge haben keine Lust			x		x
Alte hören schlechter	x				x

Wer Vielfalt will,
braucht sie auch bei
den Lösungen.

Einige populäre Annahmen stimmen, andere nicht, manchmal ist es auch nicht so klar. Aber zumindest für die Arbeitswelt ist das alles völlig irrelevant, denn die individuellen Unterschiede überwiegen die statistischen bei Weitem, außerdem gibt es für alle Schwächen funktionierende Kompensationsstrategien. Aber ist Alter deswegen egal?

69. Altersklarheit statt Altersblindheit

Es scheint offensichtlich, aber es wird so selten gesagt, dass wir es explizit betonen: Der Kampf gegen Diskriminierung, also Pauschalisierungen aufgrund von äußeren Merkmalen wie Geschlecht, Hautfarbe, Geburtsdatum etc., wird nicht mit Pauschalisierungen gewonnen – wer Vielfalt will, braucht sie auch bei den Lösungen. Das führt dazu, dass mal Gleichheit hilft, etwa beim kommunalen Wahlrecht für Zugewanderte, mal Quoten für die geschlechterparitätische Besetzung von Entscheiderpositionen in Politik und Wirtschaft, und mal lokale Regelungen wie etwa für die dänische Minderheit in Schleswig-Holstein.

Das Thema biologisches Alter ist in dieser Hinsicht besonders verzwickt: Einerseits können die individuellen Unterschiede jede statistische Wahrscheinlichkeit überflügeln, auf der anderen Seite wird es auch in einer perfekten Gesellschaft statistische Unterschiede zwischen Jungen und Alten geben. Das sehen wir täglich: Da ist die Kollegin, die von allem Neuen begeistert ist und nichts für unmöglich hält, während jemand daneben kopfschüttelnd auf ähnliche Ideen von früher verweist und ein Dritter für eine längere Diskussion keine Zeit hat, weil er die Kinder abholen muss. Ja, es gibt in jeder Altersgruppe jeden dieser Typen. Aber die sind nicht beliebig und gleichmäßig über sämtliche Lebensphasen verteilt.

Wir sind alle verschieden – aber wir entwickeln uns weitgehend ähnlich. Menschen werden mit der Zeit tendenziell ruhiger, kooperativer und zuverlässiger, während zugleich die Neugierde abnimmt. Hinzu kommt im Arbeitsleben eine Verschiebung der Prioritäten: Die Karriere verliert über die Jahre für viele an Bedeutung, während persönliche Grundsätze und Autonomie wichtiger werden.

Einiges ist vermutlich hormonell bedingt, doch vieles resultiert aus der Lebenssituation und der Erfahrung. Jede Lebensphase hat ihre eigenen Herausforderungen, die Entwicklungsaufgaben genannt werden. Junge Menschen suchen zum Beispiel einen Einstieg ins Berufsleben, im mittleren Alter muss die Kinderfrage beantwortet werden, im höheren Alter geht es um eine Haltung zum Sterben. Die aktuellen Aufgaben prägen uns genauso stark wie die erledigten, die wir als Erfahrung gespeichert haben – was vor uns liegt, bestimmt unser Leben ebenso wie das, was wir hinter uns haben.

Diese Unterschiede werden immer existieren. Deshalb hilft uns das Postulat einer vermeintlichen Gleichheit ebenso wenig wie vom Geburtsdatum abgeleitete Klischees. Altersblindheit ist keine Lösung – wir brauchen Altersklarheit.

70. Mit drei Phasen in die Klarheit

Statt das Alter des Gegenübers zu betrachten, sollten wir seine oder ihre aktuelle Situation betrachten. Die meisten Menschen durchlaufen heute nach ihrer Jugend die gleichen Lebensphasen:

- Exploration: die Welt entdecken. Das kann mit häufigen Wechseln von Arbeitsplätzen, Partnern, Überzeugungen oder Wohnorten einhergehen. Menschen sind in dieser Phase neugierig und leicht zu begeistern – aber möglicherweise nur für eine begrenzte Zeit.
- Konsolidierung: einen Weg finden. Eine Familie gründen oder ein Unternehmen, ein Haus bauen oder eine Karriere verfolgen. In dieser Phase verfolgen Menschen ein klares Ziel und müssen dafür Prioritäten setzen.
- Stabilität: an einem Ort ankommen. Die Kinder sind aus dem Gröbsten raus und die Firma läuft, der Wohlstand ist zufriedenstellend und sicher, die Stimmung stabil. Menschen in dieser Phase haben oft wieder mehr Zeit, sind an Herausforderungen interessiert und recht zuverlässig, aber häufig sehr auf sich und ihre Autonomie fokussiert.

Jede dieser Phasen wird mit einer bestimmten Altersgruppe assoziiert. Das dürfte zwar statistisch passen, doch gilt auch hier: Menschen sind nun mal unterschiedlich –

nicht alle befinden sich im selben Alter in derselben Phase. Was umso mehr gelten dürfte, wenn sich unsere Lebenszeit weiter verlängert.

71. Ein zweites Leben

Früher durchliefen die Menschen, passend zur kurzen Lebenszeit unserer Vorfahren, die Lebensphasen nur einmal – bis sie mit 60 alt waren. Aber werden Menschen mit einer deutlich höheren Lebenserwartung, die mit 50 Stabilität erreicht haben, in dieser Position verharren? Werden sie nach jahrzehntelanger Weiterentwicklung plötzlich zum Stillstand kommen, obwohl sie davon ausgehen können, dass sie noch viele gesunde Jahre vor sich haben? Das scheint uns sehr unwahrscheinlich.

Aus Zuschriften auf Peters brand-eins-Newsletter wissen wir, dass viele Menschen um die 50 etwas Neues suchen. Lange wurde das als Midlife-Crisis betrachtet. Aber vielleicht ist es auch nur eine neue Explorationsphase?

Wir können uns gut vorstellen, dass die Menschen in Zukunft in ihrem viel längeren Leben die Phasen Exploration, Konsolidierung und Stabilität noch einmal durchmachen. Mit so einem zweiten Erwachsenenalter wäre es völlig normal, in der Mitte des Berufslebens, also mit etwa 50, eine neue Ausbildung zu machen (siehe Kapitel 65). Was besonders für Menschen, die körperlich hart arbeiten, eine Möglichkeit wäre, dem Verschleiß zu entkommen.

Dazu passt, dass zunehmend mehr Menschen kurz vor oder nach ihrer Verrentung eine eigene Firma gründen oder sich in Projekten engagieren. Manche probieren auch neue Wohn- und Lebensformen in WGs und Wohnprojekten aus – das ist Konsolidierung. Und wer weiß, was danach kommt. Noch ist das alles ganz neu. Enden wir in der Stabilität der Zukunft alle als Mönche und Nonnen? Oder als Raver? Weniger diskutieren, mehr tanzen? Oder geht es dann noch mal von vorne los?

72. Frag nicht nach dem Alter

Frag nach dem Leben. Der größte offensichtliche Unterschied zwischen Menschen ist ihre Lebenssituation. Sie hängt von vielen Faktoren ab: Einkommen, Familienverhältnisse, Lebensort, persönliche Ziele, Erfahrung und vieles mehr.

Statt darüber nachzudenken, ob jemand das richtige Alter für ein Projekt oder einen Job hat, als Freund oder Partnerin, frage lieber nach der Lebensphase, der Persönlichkeit und den Erfahrungen. Brauche ich jemanden, der besonders neugierig und offen ist? Oder ist Verlässlichkeit wichtiger? Will ich jemanden, der ehrgeizig seine Ziele verfolgt? Oder jemanden, der Bock auf knifflige Aufgaben hat? Suche ich eine Person, die in erster Linie sich selbst weiterentwickeln möchte? Oder eher eine, die Erfahrung an andere weitergeben will?

Und wo du sowieso schon dabei bist, könntest du auch gleich dich selbst fragen: Bin ich die Person, die ich brauche? Sein will? Einstellen würde?

73. Das erste Ja

«Zu oft denken wir, dass wir unser Bestes geben. Aber das tun wir nicht, nicht einmal annähernd. Unsere Erwartungen an uns selbst und an unsere Mitmenschen sind zu oft erschreckend niedrig.» (Ellen Langer, «The Mindful Body»)

Wer Ja sagen will, muss zuerst Ja zu sich selbst sagen. Wir neigen dazu, das zu tun, was von uns erwartet wird. Das wäre nicht schlimm, wäre es Großes, was wir leisten sollen, ginge es um Ideen, Schönheit, Mut. Aber wie schon in der Schule ein Minimum reicht, um irgendwie durchzukommen, ist es auch im Rest des Lebens: Wir machen einen Job, wir passen auf, dass die Kinder nicht aus dem Fenster fallen, wir nicken uns verständnisvoll durch Gespräche. Mehr wird nicht erwartet. Mehr erwarten wir von uns nicht. Warum?

Dasselbe gilt für unsere Institutionen, für die Politik, Unternehmen, Verwaltung und so weiter. Vieles von dem, was wir in diesem Buch vorschlagen, ist heute noch nicht möglich, weil es von Regeln und Gesetzen verhindert wird. Eine Ausbildung mit 50? Das Höchstalter für Bafög liegt bei 45. Für eine Verbeamtung beim Bund liegt die Altersgrenze bei 50, auf Länderebene schwankt die Altersgrenze um mehrere Jahre, im Saarland oder Mecklenburg-Vorpommern liegt sie sogar bei 40.

Ganz zu schweigen von der Idee, in der Lebensmitte, wenn sich alles ballt, schon mal ein oder zwei Rentenjahre vorzuziehen, die später verrechnet werden. Eingezahlt hätten die Menschen zwar schon, das wäre nicht das Problem.

Doch eine solche Flexibilität scheint heute unvorstellbar. Warum eigentlich?

Wir haben während der Arbeit an diesem Buch gelernt, wie weit Menschen über sich hinauswachsen können – sie können sich sogar jünger denken! Was geht dann noch? Wir glauben, dass in jedem und jeder viel mehr steckt, als wir denken.

Der Widerstand gegen bessere Arbeitsbedingungen, eine größere Zeitautonomie und ganz allgemein Veränderung ist zwar überall groß. Und selbstverständlich kannst du das nicht alleine ändern. Aber du kannst schon mal anfangen. Deshalb stehen am Schluss dieses Buches Fragen, mit denen du dein Leben und deine Firma von außen betrachten und herausfinden kannst, was dich bremst.

74. Fragen für Menschen

Ob du alt bist, jung oder irgendwas dazwischen, hängt nicht von deinem Geburtsjahr ab – Alter entscheidet sich im Kopf. Die folgenden Fragen helfen dir dabei, zu erkennen, wie du zum Altern im Allgemeinen stehst und in welchem Lebensalter du dich selbst verortest. Es gibt kein Richtig oder Falsch, außerdem kannst du zu jeder Frage eine Frage hinzufügen: Warum?

- Ging es dir vor zehn Jahren besser oder schlechter als heute? Wird das in zehn Jahren wieder so sein?
- Glaubst du, dass es an deinem Alter liegt, wenn du etwas vergisst oder nicht schaffst?

- Gehört dein Freundeskreis weitgehend zur selben Altersgruppe?
- Wie alt ist die Musik, die du meistens hörst?
- Nimmst du die Meinung anderer Menschen manchmal aufgrund ihres Alters nicht ernst, erwartest aber selber, von allen ernst genommen zu werden?
- Glaubst du an Erfahrungswissen? Oder tut Kindermund Wahrheit kund? Stimmt vielleicht beides?
- Was ist wichtiger: Theorie oder Praxis?
- Würdest du dein Leben ändern, wenn du genug Geld dafür hättest?
- Nerven dich Menschen aus anderen Altersgruppen überdurchschnittlich häufig?
- Musst du noch viel lernen?
- Willst du dein Wissen weitergeben?
- Tanzt du gerne? Gehst du oft tanzen? Hast du wirklich gerade Ja und Nein geantwortet?
- Wie alt wärst du gerne für immer?
- Schläfst du genug?
- Langweilst du dich? Auf der Arbeit? Zu Hause? Mit dir selbst? Hast du dich jemals mit Kindern gelangweilt?
- Interessiert dich mehr die Vergangenheit oder die Zukunft?
- Was siehst du, wenn du in den Spiegel schaust?
- Ist das wirklich alles?

75. Fragen für Unternehmen

Als Ausgangspunkt für einen Alters-Kultur-Check hier eine Liste mit Fragen, die sich jede Organisation stellen sollte, um altersgerecht und zukunftsfähig zu werden. Zu jeder Frage gehört die Folgefrage: Warum oder warum nicht?

- Sind die Stellenausschreibungen einladend für alle Altersgruppen?
- Werden Bewerberinnen abgelehnt, weil sie als überqualifiziert gelten?
- Kommt es vor, dass Menschen einen Job nicht bekommen, weil es sich kurz vor dem Rentenalter nicht mehr lohnt?
- Gibt es Interesse an wilden Lebensläufen oder werden geradlinige Karrieren bevorzugt?
- Ist ein vermeintliches Ausfallrisiko (wegen Schwangerschaft oder Krankheit) ein Grund, einen anderen Kandidaten zu bevorzugen?
- Wurden die Personalverantwortlichen für Altersklischees sensibilisiert?
- Gibt es äußere Faktoren (Bürokratie, Partner, ökonomische Zwänge), die dein Unternehmen daran hindern, altersgerecht zu werden? Wird nach Wegen gesucht, sie zu verändern oder zu umgehen?
- Besteht ein Zusammenhang zwischen Alter und Lohn?
- Bekommen alle Mitarbeitenden, auch die in Ausbildung, ein Gehalt, von dem sie über die Runden kommen?

- Sind die Ausbildungsplätze für alle Altersgruppen offen? Oder werden junge Praktikantinnen bevorzugt?
- Haben Mitarbeiter die Möglichkeit, ein Sabbatical oder eine Auszeit, bezahlt oder unbezahlt, zu nehmen?
- Können Mitarbeitende zwischen Voll- und Teilzeit wechseln, um neben der Arbeit zu studieren, Kinder oder Verwandte zu betreuen oder weil sie mehr Zeit für anderes wollen?
- Wie steht es um die Altersdurchmischung in den Teams?
- Und in der Führungsetage? Sind die Chefs viel älter als der Rest der Belegschaft?
- Können Chefs Führungsaufgaben abgeben, ohne dass dies als Rückschritt empfunden wird?
- Enden die Arbeitsverträge (oder Tarifverträge) automatisch mit Erreichen des gesetzlichen Renteneintrittsalters?
- Arbeiten im Unternehmen Leute unter 20? Und über 70?

Die Post-Credit-Szene

Clara: Wir werden doch nicht nur älter, damit wir länger arbeiten können. Vielleicht ist es sogar umgekehrt.

Peter: Ja, klar! Aber das muss zumindest meine Generation erst mal begreifen. Unser Bild vom Leben ist beherrscht von Arbeit und endet mit der Rente. Über der Zeit danach liegt ein Nebel, in dem wir vage Gartenbau, Enkel und ein endloses Warten auf Krankheit, Leid und Tod erahnen. Dass uns genau das Gegenteil erwartet, viel Zeit und neue Möglichkeiten, Freiheit sogar, ist noch nicht angekommen. Ich hoffe sehr, dass die Jüngeren das früher verstehen.

C: Mich entspannt der Gedanke an ein langes Leben total. Ich bin 33 und dachte früher, dass ich die kurze Zeit, in der ich noch jung und fit bin, so gut wie möglich nutzen muss, weil mir nicht mehr viel Zeit bleibt – denn bald bin ich alt. Seit wir dieses Buch schreiben, denke ich viel langfristiger. Das nimmt mir den Druck und fühlt sich super an.

P: Zum langfristigen Denken gehört übrigens, heute schon weniger zu arbeiten, damit du länger fit bleibst. In Schweden haben Menschen nach der Geburt eines Kindes das Recht auf Teilzeit – davon können wir alle etwas lernen.

C: Ich habe keine Kinder.

P: Du kannst trotzdem weniger arbeiten, das schadet nichts. Grundsätzlich geht es mir jedenfalls wie dir: Ich sehe ebenfalls gelassener in die Zukunft. Wenn dieses Buch die Bestsellerlisten stürmt, werde ich 64 sein, und es wird mir gut gehen. Zehn Jahre später wird es mir immer noch gut gehen, vielleicht sogar besser, und ich freue mich darauf. Wäre nur schön, wenn es meinen Freunden ähnlich ginge.

C: Dann musst du dafür sorgen, dass sie fit bleiben. Einige sagen doch jetzt schon, dass sie nicht mehr weggehen, weil sie immer erschöpft sind.

P: Aber vielleicht ist es umgekehrt, und sie sind nur erschöpft, weil sie so selten weggehen. Ich sage immer: Um Mitternacht trinken die Alten Bier und die Jungen Energydrinks – das Getränk entscheidet, zu wem du gehörst.

C: Du trinkst keine Energys.

P: Aber Mate, ist leckerer.

C: Ich werde dann mit 50 vielleicht Life-Coach und hätte dafür schon eine passende Idee: Je länger das Leben, desto mehr müssen wir loslassen. Sonst blockieren wir uns und alle um uns herum. Das gilt für Chefposten wie für das Haus, das nach dem Auszug der Kinder viel zu groß ist, oder die Müdigkeit, die uns angeblich an allem hindert.

P: Müdigkeit loslassen? Bin ich dabei! Aber dann heißt es wieder: Ihr kommt aus einer anderen Welt.

C: Na und? Es ist doch genau umgekehrt – die andere Welt kommt aus uns.

Zum Buch gibt es eine Website:

https://no-age.fun

Originalausgabe
Veröffentlicht im Rowohlt Verlag,
Kirchenallee 19, 20099 Hamburg, Februar 2025

Lektorat Gabriele Fischer, Holger Volland
Faktencheck Katja Ploch
Projektmanagement Hendrik Hellige

Covergestaltung Mike Meiré / Meiré und Meiré
Satz aus der Sabon bei Pinkuin Satz und Datentechnik, Berlin
Druck und Bindung GGP Media GmbH, Pößneck
ISBN 978-3-98928-024-3
Kontaktadresse nach EU-Produktsicherheitsverordnung:
produktsicherheit@rowohlt.de

FSC www.fsc.org
MIX
Papier | Fördert gute Waldnutzung
FSC® C014496